SOMMAIRE

INTRODUCTION

24 août 2014. En clôture du MTV Video Music Awards, regardé par plus de 12 millions d'Américain.e.s, un mot apparaît sur l'écran géant en arrière-plan du show de la chanteuse Beyoncé : FEMINIST.

Rarement un show a suscité autant de débats. Twitter s'agite et #Feminist devient, pendant plusieurs jours, un des sujets les plus commentés. Beaucoup saluent alors le fait que le mot « féministe » et sa définition soient revendiqués par une star comme Beyoncé.

Ces dernières années, une place est faite au discours féministe, après des décennies où il a été inaudible ou dénigré. De plus en plus de femmes et d'hommes, parfois très jeunes, se disent d'ailleurs féministes : 6 filles sur 10 de 15 à 20 ans en France !

Le temps où le féminisme était accusé « d'encourager les femmes à quitter leur mari, assassiner leurs enfants, pratiquer la sorcellerie, détruire le capitalisme et devenir lesbiennes » (comme l'écrivait en 1992 Pat Roberson, caricature de l'Américain conservateur) semble être révolu. Même Dior – marque peu connue pour être contestataire – propose un t-shirt « We should all be feminists »... pour la modique somme de 550 euros.

Plus qu'un argument marketing, le féminisme est un mot qui a une portée politique.

Osez le Féminisme ! milite depuis bientôt 10 ans pour dénoncer les inégalités entre les femmes et les hommes, dire aux victimes de violences « Nous te croyons », rappeler qu'il est encore nécessaire aujourd'hui d'affirmer #JeSuisFéministe, proposer des solutions (car il y en a plusieurs !) et mettre les politiques face à leurs responsabilités. Nous sommes bénévoles, nous sommes militantes, nous sommes en colère. Et nous restons déterminées à faire que le monde de demain puisse permettre à toutes et tous de se sentir libres !

Pourquoi ce livre ? Et pour qui ?

#PayeTaSchnek, #PayeTonBahut, #PayeTonGynéco... les réseaux sociaux ont largement contribué à mettre en lien des femmes de tous âges qui constatent les inégalités à l'école ou chez elles, ou bien sont confrontées au harcèlement toutes les semaines dans la rue. Ce sont aussi des femmes qui ne supportent plus que le machisme leur dicte comment doit être leur corps, comment se comporter, comment aimer et jouir. La possibilité de partager ces expériences a certainement contribué au fait qu'il semble maintenant plus facile de se dire féministe.

Le mouvement autour de #MeToo et #BalanceTonPorc a permis une prise de conscience du caractère massif des violences sexistes et sexuelles et provoqué des réflexions dans tous les domaines. Cette vague de protestation contre les inégalités a été très forte chez les plus jeunes, qui ont réclamé des réponses et exigé un changement de toute urgence !

Pour **transformer cette indignation de la jeunesse en action,** et aider les adultes en quête de ressources pour les jeunes de leur entourage, nous avons pensé ce livre, collectivement, en nous appuyant sur les réflexions de très nombreuses féministes avant nous, de celles avec qui nous avons la chance de nous engager et sur le travail formidable des associations, existant pour certaines depuis plus de 30 ans, d'autres depuis quelques mois seulement.

Plus largement, nous espérons pouvoir donner des clés de compréhension et les moyens d'agir à toute personne qui cherche à **décrypter et lutter contre le sexisme**.

Le féminisme est une révolution positive et pacifique, qui vise l'émancipation de toutes et tous. C'est ensemble que nous serons plus fort.e.s et ce combat n'attend que toi.

Ose dire #JeSuisFéministe !

Margaux Collet et Raphaëlle Rémy-Leleu

ANGELA DAVIS • GISÈLE HALIMI • MICHELLE OBAMA • BEYONCE • EMMA WATSON •
RUPI KAUR • YOKO ONO • SIMONE DE BEAUVOIR • MALALA YOUSAFZAI •
BENOÎTE GROULT • AUDRE LORDE • LENA DUNHAM • OLYMPE DE GOUGES • HARNAAM KAUR •

BEYONCÉ EST-ELLE FÉMINISTE ?

Petite histoire du féminisme

INTRODUCTION

Beyoncé, Barack Obama, Natoo, Caroline de Haas, Alicia Keys, Audrey Pulvar, Emma Watson, les Femen, Chilla, Malala Yousafzai, Mouloud Achour, Oprah Winfrey, Dua Lipa, Cara Delevingne, Marion Seclin... A priori, ces personnalités ont très peu de points communs. Et pourtant, elles en ont au moins un : tous et toutes se revendiquent féministes.

Ces dernières années, on entend beaucoup parler de féminisme. Parfois de manière positive, parfois au contraire de façon très critique ou agressive, comme si « féministe » était un gros mot. Résultat, on s'y perd un peu et on ne sait plus trop de quoi il s'agit : ça veut dire quoi être « féministe » ? Et est-il encore utile de l'être aujourd'hui ?

QU'EST-CE QUE LE FÉMINISME ?

Le féminisme est un mouvement d'actions et d'idées qui vise l'égalité entre les femmes et les hommes.

L'adjectif « féministe » qualifie les théories, les mouvements et les personnes qui revendiquent les mêmes droits pour les femmes que pour les hommes et qui luttent contre les inégalités.

Un peu d'histoire

Si le mot « féministe » est apparu à la fin du XIXe siècle, des femmes et des hommes se battaient déjà bien avant, dès le Moyen Âge, pour cette même cause.

Le premier grand combat des féministes concerne l'accès à l'éducation et au droit de vote pour les femmes. Il émerge d'abord en Europe et aux États-Unis, au milieu du XIXe siècle, et ses militantes sont le plus souvent appelées « les suffragettes » (voir chapitre 4).

En France, l'une des premières femmes à se revendiquer féministe est Hubertine Auclert. C'est à son époque, et en grande partie grâce à elle, que le mot « féminisme » devient synonyme de combat pour les droits des femmes (voir chapitre 5).

HUBERTINE AUCLERT

est la première femme à se revendiquer féministe.

Hubertine Auclert est une pionnière du féminisme en France et dans le monde. Activiste dès 1870 pour le droit des femmes à être élues, elle considère que son combat est la première étape pour atteindre l'égalité. Elle est convaincue que si des femmes siégeaient à l'Assemblée, les lois ne seraient plus si sexistes, c'est-à-dire toujours en défaveur des femmes. À partir de 1880, elle entame une grève de l'impôt.

C'est plutôt logique : puisque les femmes ne peuvent pas décider des orientations politiques de leur pays, pourquoi devraient-elles payer des impôts ? Elle appelle également au boycott, par les femmes, du recensement de la population : « Si nous ne comptons pas, pourquoi nous compte-t-on ? » Elle revendique. enfin l'usage au féminin des mots tels que « avocate », « députée », « électrice ». Audacieuse, elle se présente aux élections législatives le 24 avril 1910 avec Marguerite Durand, Renée Mortier et Gabrielle Chapuis. Leur candidature fait grand bruit, mais n'est pas enregistrée officiellement. Elle meurt en 1914, sans avoir jamais vu les femmes voter ni être élues.

Des débuts du féminisme aux luttes actuelles, il y a eu du changement. Un petit détour par l'histoire s'impose, pour comprendre les différentes vagues du féminisme. Cette idée de « vagues » permet de retracer les moyens d'actions et les revendications propres à chaque époque (entre Hubertine Auclert et Beyoncé, de grandes différences existent !), mais ne fait pas l'unanimité car elle ne met pas en valeur la continuité qui existe entre tous les combats féministes.

Aux débuts du féminisme :
100 ans de combat pour avoir le droit de voter

La « première vague » (1848-1944 environ) est celle, en France, des combats menés par Hubertine Auclert mais aussi par Cécile Brunschvicg (que Léon Blum nomme ministre alors même qu'elle ne peut pas voter !) ou encore par Jeanne Bouvier, ancienne ouvrière qui se bat pour les femmes les plus précaires. Ces militantes, qui ont ouvert la voie au féminisme d'aujourd'hui, se mobilisent essentiellement pour que les femmes puissent voter et, plus largement, pour des réformes assurant l'égalité juridique avec les hommes.

À l'époque, par exemple, le divorce est interdit et les femmes ne peuvent pas percevoir directement leur salaire ni ouvrir de compte bancaire à leur nom... Un peu comme si elles étaient des enfants, mais à vie. La loi française le dit d'ailleurs assez clairement : « Les personnes privées de droits juridiques sont les mineurs, les femmes mariées et les débiles mentaux. »

En France, il faudra attendre 1944 pour que les femmes puissent voter dans les mêmes conditions que les hommes. Si elles sont françaises, tes arrière-grands-mères, et même peut-être tes grands-mères, ne pouvaient donc pas participer à la vie politique.

1970
Le Mouvement de Libération des Femmes

Peut-être as-tu plutôt entendu parler de ce qu'on appelle la « deuxième vague », qui commence au début des années 1960 aux États-Unis et peu après Mai 68 en France et dans plusieurs pays d'Europe.

« Le privé est politique. »

C'est à cette époque qu'est créé le Mouvement de libération des femmes, abrégé en « MLF ». Les féministes ne s'attaquent alors plus seulement aux inégalités inscrites dans le droit, mais aussi à celles qui concernent l'éducation différenciée des filles et des garçons, les violences, la sexualité. Ce n'est pas uniquement la loi qu'il faut changer, mais la société dans son ensemble. On peut lire sur leurs banderoles : « Le privé est politique. »

Les féministes des années 1970 parlent ouvertement de désir et revendiquent le droit à une sexualité déconnectée de la reproduction : autrement dit, à des relations sexuelles qui ne soient pas guidées par la volonté d'avoir un enfant. Et pas dans le seul cadre du mariage : elles aspirent à une sexualité libre et fondée sur le plaisir. Les militantes du MLF, parmi lesquelles Monique Wittig, Christine Delphy, mais aussi Simone de Beauvoir, Antoinette Fouque, Marie-Jo Bonnet, et bien d'autres, organisent des réunions en non-mixité (c'est-à-dire seulement entre femmes) pour parler de sexualité sans violence, de liberté à disposer de leur corps et de leur place dans la lutte anticapitaliste qui bat son plein à l'époque.

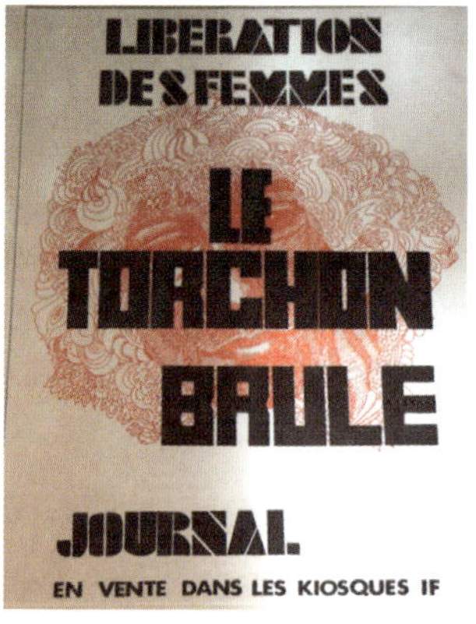

Le MLF marque l'histoire du féminisme par ses manifestations joyeuses et massivement suivies, par les nouvelles revendications qu'il porte – notamment pour une contraception libre et gratuite et la légalisation de l'avortement – et par ses nombreuses productions écrites : le journal *Le Torchon brûle* paraît entre 1971 et 1973, distribué à 35 000 exemplaires ! C'est grâce aux combats de cette génération que la contraception devient libre et gratuite en France en 1974 et que l'avortement est rendu légal en 1975 (voir chapitre 7).

LES SLOGANS DU MLF

IL Y A PLUS INCONNU QUE LE SOLDAT INCONNU - SA FEMME

Banderole de l'action fondatrice du MLF qui consista à déposer une gerbe de fleurs sous l'arc de triomphe en hommage à toutes les femmes oubliées de l'histoire.

FÊTÉES UNE JOURNÉE, EXPLOITÉES TOUTE L'ANNÉE

Ce slogan fut créé à l'occasion du 8 mars, journée internationale de lutte pour les droits des femmes, pour dénoncer sa récupération commerciale en « fête de la femme ».

FEMMES ET CHIENS MÊME COMBAT : NE PLUS ÊTRE SIFFLÉES DANS LA RUE

Le harcèlement de rue, dont on parle beaucoup aujourd'hui, n'est pas un phénomène nouveau : les féministes des années 1970 le dénonçaient déjà.

UNE FEMME SANS HOMME, C'EST COMME UN POISSON SANS BICYCLETTE

Autrement dit, les femmes n'ont pas forcément besoin d'un homme pour être heureuses !

UN ENFANT SI JE VEUX, QUAND JE VEUX.

En 1970, la loi n'autorise ni la contraception, ni l'avortement. Leur légalisation et remboursement seront une des principales revendications du MLF.

LE
FÉMINISME
N'A JAMAIS
TUÉ
PERSONNE.

LE MACHISME
TUE
TOUS
LES JOURS.

BENOÎTE GROULT

L'hymne des femmes :
un chant féministe toujours d'actualité

Créé collectivement en 1971 par des militantes parisiennes, l'« Hymne des femmes » est le chant féministe le plus connu en France. Véritable appel à l'action des femmes contre les inégalités qu'elles subissent, il est aujourd'hui souvent chanté dans les manifestations féministes, en particulier le 8 mars (journée internationale de lutte pour les droits des femmes) et le 25 novembre (journée internationale de lutte contre les violences faites aux femmes).

On l'entend aussi dans le film *La Belle Saison*, avec Cécile de France et Izia Higelin, réalisé par Catherine Corsini et qui relate les débuts du MLF.

Son refrain :

« Levons-nous femmes esclaves.
Et brisons nos entraves.
Debout, debout,
debout ! »

© Céline Piques

Manifestation annuelle du 25 novembre 2017, journée internationale de lutte contre les violences faites aux femmes.

Une Troisième Vague ?

Depuis le début des années 1990, on parle d'une « Troisième vague » pour évoquer les nouvelles mobilisations féministes qui émergent d'abord aux États-Unis.

Dénoncer les violences

Ces initiatives se concentrent, dans un premier temps, sur la dénonciation des violences conjugales et du viol. En France, cette prise de conscience est notamment permise par le travail de deux associations, créées en 1985 et qui poursuivent toujours leur engagement :

- Le Collectif Féministe Contre le Viol (CFCV), qui met en place la première permanence téléphonique pour les femmes victimes de viol ;
- L'Association européenne contre les violences faites aux femmes au travail (AVFT), spécialisée dans le harcèlement sexuel au travail.

Combattre l'« illusion de l'égalité »

La création de La Barbe en 2008, puis d'Osez le Féminisme ! en 2009 ou encore des Effronté.e.s en 2012, marque un renouveau dans le profil et les modes d'action des associations féministes.

Des jeunes femmes s'engagent pour dénoncer l'« illusion de l'égalité ». En effet, si les femmes et les hommes sont égaux en droits, les inégalités persistent dans les faits : inégalités salariales, violences masculines à la maison et dans l'espace public, lesbophobie, absence de femmes à des postes de pouvoir et notamment en politique, faible représentation des femmes lors de tables rondes d'expert.e.s, etc.

Parler du plaisir des femmes

Les militantes d'Osez le Féminisme ! rappellent la nécessité du féminisme et sensibilisent l'opinion par des happenings, des campagnes sur les réseaux sociaux ou des graffitis dans la rue (il reste encore quelques « Osez le clito ! » dans les rues parisiennes 7 ans après la campagne qui visait à lever le tabou sur le plaisir des femmes (voir chapitre 7). Elles exhortent les pouvoirs publics à prendre le problème à bras-le-corps.

Lutter contre le marketing sexiste

Ces dernières années, cette effervescence autour du féminisme s'est accélérée et de nombreuses associations se sont montées. Tu as peut-être entendu parler des Georgette Sand qui se sont mobilisées pour dénoncer le coût des tampons et serviettes hygiéniques, de la Brigade antisexiste qui lutte contre les publicités sexistes, du collectif Féministes contre le cyberharcèlement ou du Tumblr de témoignages « Paye ta shnek ». Ces associations sont très actives sur les réseaux sociaux et dans les médias.

L'intersectionnalité

Cette « Troisième vague » est aussi marquée dans la prise en compte des situations différentes que peuvent connaître les femmes. Si toutes les femmes sont, au cours de leur vie, exposées au sexisme, certaines sont d'autant plus discriminées qu'elles sont lesbiennes, précaires, d'origine étrangère, noires, handicapées... Le féminisme doit prendre cette diversité en considération. C'est un concept qu'on appelle l'« intersectionnalité », et qui explique que les différentes formes d'oppressions et d'inégalités se croisent et se décuplent.

Présenter le féminisme en différentes vagues est une manière de mieux comprendre ce mouvement. Bien sûr, les réalités sont plus complexes, et chacun.e peut trouver des modèles au fil des époques ou des courants. Mais surtout, l'histoire ne s'arrête pas là...

UNE EFFERVESCENCE MONDIALE DEPUIS 2016

La Women's March

Women's March en janvier 2017 à Paris. Photo : © Céline Piques

Des millions de femmes ont manifesté en janvier 2016 lors de la Women's March organisée partout dans le monde après l'élection de Donald Trump. Ce dernier n'avait pas été avare de sexisme durant sa campagne, et le droit à l'avortement était dans le viseur de ses premières décisions en tant que président des États-Unis.

L'affaire Weinstein : le début de #MeToo

Fin 2017, les témoignages de femmes victimes d'agressions sexuelles et de viols par le producteur Harvey Weinstein déclenchent une onde féministe, d'abord dans le milieu du cinéma, puis dans tous les secteurs et aux quatre coins du monde.

Au fil de courageuses dénonciations par des millions de femmes victimes de violences sexuelles et sexistes dans le monde, le mouvement #MeToo sur les réseaux sociaux permet de prendre conscience de l'ampleur du combat qui reste à mener.

Ni Una Menos

En juin 2015, la mobilisation Ni Una Menos (« pas une de moins ») a réuni des centaines de milliers de femmes en Amérique latine, et notamment en Argentine, au Chili, en Uruguay et au Pérou pour dénoncer les meurtres de femmes. Le 8 mars 2016, pour lutter contre les inégalités, un appel international à la grève des femmes fait écho partout dans le monde et est reconduit, encore plus largement, en 2017. Des manifestations féministes, historiques par leur ampleur, ont notamment lieu en Espagne.

A-T-ON VRAIMENT ENCORE BESOIN DU FÉMINISME AUJOURD'HUI ?

Parce que nous vivons à une époque et dans un pays où certains droits sont déjà acquis, nous pourrions avoir l'impression que « tout est gagné ». Le féminisme, par son histoire, parce qu'il est international et parce qu'il met en lumière le fossé qui existe entre l'égalité en droit et l'égalité réelle, nous ouvre les yeux et nous rappelle qu'il n'en est rien.

« En matière de droits des femmes, quand on n'avance pas, on recule ».

Cette citation d'Yvette Roudy, nommée ministre des Droits de la femme en France en 1981 grâce et à la suite du MLF, sonne comme un avertissement.

Des menaces de reculs en Europe

Les lois et les mentalités évoluent, mais les droits des femmes sont régulièrement menacés. Par exemple, en 2013, en Espagne, le gouvernement conservateur nouvellement élu a voulu faire marche arrière sur le droit à l'avortement et restreindre son accès aux seuls cas de viol et de grave danger pour la vie ou la santé physique ou psychologique de la femme enceinte. La loi prévoyait aussi, pour les mineures, une autorisation parentale obligatoire. Les associations féministes se sont mobilisées massivement en Espagne, autour du slogan « Nunca Más » (« plus jamais ça »), mais aussi en France et partout en Europe pour soutenir les femmes espagnoles. Et elles ont gagné ! Mais c'est bien la preuve que pour les femmes, rien n'est jamais acquis. Encore plus récemment, les Polonaises se sont mobilisées en 2016 contre un projet de loi qui prévoyait l'interdiction totale de l'avortement - déjà très limité dans ce pays - et des peines de prison pour les femmes qui y avaient recours. Le texte a été retiré suite à une très forte mobilisation mais des initiatives parlementaires et citoyennes similaires, soutenues par l'Eglise catholique, se multiplient.

Être solidaire des femmes du monde entier

Être féministe, c'est donc aussi regarder hors des frontières et défendre les droits des filles et des femmes partout dans le monde. C'est soutenir Malala Yousafzai, militante pakistanaise qui a obtenu le prix Nobel de la paix à 17 ans et se bat pour que toutes les petites filles puissent aller à l'école malgré l'interdiction des talibans.

C'est aussi appeler à la libération des centaines de lycéennes nigérianes enlevées par Boko Haram et pour lesquelles les féministes se mobilisent autour du hashtag #BringBackOurGirls (« rendez-nous nos filles »).

1 femme est violée ou **victime d'une tentative de viol** toutes les **7 minutes** en France

Les femmes assurent toujours **70% des tâches ménagères**

En moyenne, les femmes françaises ont **des salaires inférieurs de 24%** à ceux des hommes.

Donc oui, on a besoin du féminisme !

ET DONC, BEYONCÉ EST-ELLE FÉMINISTE...OU PAS ?

Eh bien nous ne répondrons ni « oui » ni « non » à cette question !

Personne n'a la légitimité de décerner un label de féminisme

Il n'y a pas de diplôme du féminisme qui dirait quoi penser, comment s'habiller ni que lire quand on est une « vraie féministe ». Le féminisme est un cheminement et, comme nous l'avons vu, c'est avant tout un mouvement, en actions et en idées, pour défendre l'égalité entre les femmes et les hommes.

Si Beyoncé se proclame féministe, de quel droit lui opposerait-on que ce n'est pas le cas ? Nous demander de juger l'engagement d'autres femmes, c'est souvent la première manière de diviser les féministes.

Il y a 1 000 manières d'être féministe

Comme tout mouvement politique, le féminisme est riche des débats et des tendances qui le composent.

Si les féministes se retrouvent sur les principaux enjeux – la lutte contre les violences masculines, pour une éducation égalitaire des filles et des garçons, et la défense des droits sexuels et reproductifs des femmes (c'est-à-dire, par exemple, l'accès libre et gratuit à la contraception et à l'avortement) – des désaccords existent. Ces divergences de point de vue existent aussi parce que toutes les femmes n'ont pas la même vie ni les mêmes priorités, ou les mêmes analyses.

C'est pourquoi des groupes spécifiques peuvent se créer, considérant que les associations féministes qui existaient jusqu'alors ne les représentent pas suffisamment.

C'est le cas, par exemple, des associations qui réunissent uniquement des femmes lesbiennes, des collectifs afro-féministes ou encore des collectifs de femmes handicapées qui souhaitent porter des revendications qui leur sont propres, parce qu'elles font face à des violences, des discriminations et des inégalités spécifiques.

Il n'y a donc pas 1 manière d'être féministe, mais 1 000.

Le féminisme de Beyoncé fait débat

Le fait que Beyoncé se revendique féministe et affiche d'ailleurs le mot en grand lors de ses concerts suscite beaucoup d'articles et de discussions. Elle serait soit une chanteuse sexualisée qui se définit dans le regard des hommes, soit un symbole antiféministe qui se sert du féminisme pour vendre des disques, soit une icône porteuse d'un message d'affirmation de soi et un modèle positif pour des millions de jeunes femmes.

Beyoncé, féministe dans ses paroles

Si Beyoncé ne se qualifie que depuis peu comme féministe, ses chansons valorisent depuis longtemps l'indépendance et la liberté des femmes.

Pour l'indépendance des femmes

En 2000 déjà, avec son groupe Destiny's Child, Beyoncé défend l'indépendance économique des femmes dans « Independent Woman ». Une idée que l'on retrouve en 2011 dans son clip « Run the world (Girls) » où une armée d'amazones affronte et remporte la bataille contre des policiers incrédules. Enfin, dans « Pretty Hurts », elle dénonce les diktats de beauté qui pèsent sur les femmes et son clip représentant un concours de miss montre la concurrence et la jalousie qui s'installent entre les femmes.

Une prise de parole politique… et littéraire

Parmi ses derniers titres les plus emblématiques, on peut citer « Flawless » dans lequel Beyoncé reprend un extrait du livre *Pourquoi nous devrions tous être féministes*, de l'écrivaine nigériane Chimamanda Ngozi Adichie et qui se clôt par la phrase : « Une féministe, c'est une personne qui croit à l'égalité sociale, politique et économique entre les sexes. ». Elle l'interprète en 2014 en clôture du MTV Video Music Awards regardé par 12 millions d'Américain.e.s. Cette même année, Beyoncé est élue « femme la plus influente du monde » par le magazine Time.

« Le féminisme de Beyoncé n'est pas le mien »

Au-delà du contenu de ses chansons et des messages qu'elle porte dans ses interviews, certain.e.s considèrent que s'habiller de manière dénudée et sexualisée comme le fait Beyoncé, c'est se définir dans le regard des hommes. C'est par exemple l'avis de Chimamanda Ngozi Adichie elle-même, qui a dit dans une interview : « Le féminisme de Beyoncé n'est pas le mien » et expliqué :

« Le féminisme de Beyoncé donne une trop large place à la nécessité d'avoir un homme à ses côtés. Je pense que les hommes sont charmants, mais les femmes ne doivent pas tout rapporter à eux en se demandant sans cesse : "Est-ce qu'il m'a fait mal ? Dois-je lui pardonner ?" »

D'autres pointent les contradictions de l'artiste, qui interprète aussi « Single ladies (put a ring on it) » – Filles célibataires (mets-lui la bague au doigt – ou « Bow down (bitches) » – Inclinez-vous salopes.

Beyoncé est le symbole d'une femme engagée

Au-delà de sa puissance économique dans l'industrie musicale, Beyoncé se met en scène comme une personnalité forte et valorise l'identité afro-américaine. Lors du festival Coachella en Californie en avril 2018, alors qu'elle est la première femme noire invitée comme tête d'affiche, Beyoncé a rendu hommage aux militant.e.s pour les droits afro-américain.e.s tel.le.s que Nina Simone, les Black Panthers ou Malcom X dont elle a repris une citation :

« LA PERSONNE LA MOINS RESPECTÉE EN AMÉRIQUE EST LA FEMME NOIRE… LA PERSONNE LA MOINS PROTÉGÉE EN AMÉRIQUE EST LA FEMME NOIRE. »

Une nouvelle génération d'artistes casse les codes et s'engage, partout dans le monde

Quoi qu'on en pense, Beyoncé a certainement ouvert la voie à toute une génération de chanteuses qui se revendiquent publiquement comme féministes, alors que cela était peut-être moins accepté il y a quelques années.

De nombreuses chanteuses profitent aujourd'hui de leur notoriété pour parler d'égalité entre les femmes et les hommes et défendre les droits des filles et des femmes. La chanteuse néo-zélandaise Lorde, la Britannique Dua Lipa ou encore les Françaises Jain et Chilla se disent toutes féministes. Et ça s'entend dans leurs chansons !

Contre les violences

La Sierra-léonaise **Ashley**, âgée de 17 ans, rappe contre la pédophilie, l'Afghane **Sonita Alizadeh** contre les mariages forcés. **Chilla** a sorti un titre sur mesure à l'occasion du 25 novembre 2017, journée internationale de lutte contre les violences faites aux femmes, intitulé **#balancetonporc** et réalisé en soutien à l'association **Une femme, un toit** qui accueille et héberge des jeunes femmes victimes de violences.

Pour dénoncer la lesbophobie et l'homophobie

L'Américaine **Hayley Kiyoko**, 27 ans, avec son titre « Girls like girls » (« Des filles aiment des filles ») ou bien le rappeur français **Eddy de Pretto** critiquent les injonctions machistes.

© Charlotte Abramow

Pour la journée internationale des droits des femmes,

la chanteuse belge **Angèle** a posté sur Instagram une photo avec un t-shirt au rappel utile

« Les femmes ont besoin de plus de sommeil que les hommes car combattre le patriarcat est épuisant. »

Et maintenant, que faire ?

→ **S'engager à Osez le Féminisme !**

S'abonner au journal et militer dans l'une des 25 antennes
http://osezlefeminisme.fr

Ou dans l'une des très nombreuses associations féministes qui existent partout en France.

→ **3 magazines** à consulter :

Causette • Femmes ici et ailleurs • Madmoizelle

→ **3 émissions Podcast** à suivre :

La Poudre

Au micro de Lauren Bastide, des portraits de femmes inspirantes.

Quoi de meuf

À chaque épisode, une question d'actualité, une thématique culturelle traitée par Clémentine et Mélanie, et de nombreux conseils de séries, de films, de livres, ou de BD à découvrir.

Un podcast à soi

Grossophobie, sexisme au travail, afro-féminisme… une fois par semaine, Charlotte Bienaimé mêle documentaires et entretiens, récits intimes et paroles d'expert.e.s.

C'est… C'est votre fils, il a joué avec cette poupée toute l'après-midi…
… et donc ?
Non, rien enfin, je préférais vous prévenir pour…
POUR ?!

C'EST QUOI LES TRUCS « DE MEUFS » OU « DE MECS » ?

La construction du genre

INTRODUCTION

« C'est une fille ou un garçon ? » C'est souvent la première question posée à une femme enceinte ou aux parents d'un bébé qui n'est habillé ni en bleu, ni en rose. Avant la naissance, as-tu remarqué qu'on dit d'un fœtus qui bouge beaucoup dans le ventre de sa mère que c'est « certainement un garçon » ou bien « un futur footballeur » ?

Même les pleurs des nourrissons, dès leurs premiers mois, n'échappent pas aux stéréotypes : des études scientifiques ont montré que les larmes d'une fille sont interprétées comme de la peur, quand celles des garçons seraient un signe de colère. Cette perception différente des filles et des garçons se poursuit dans l'éducation durant l'enfance et l'adolescence. Jouets, contes, dessins animés, vêtements, loisirs... Tout est fait, dès le plus jeune âge, pour ranger filles et garçons dans des cases bien distinctes.

Mais c'est quoi un truc « de meufs » ou « de mecs » ?

QUELQUES DÉFINITIONS

Stéréotypes de sexe

Les stéréotypes de sexe, que l'on appelle aussi souvent « clichés » ou « idées reçues », sont les caractéristiques supposées « naturelles » attribuées aux filles/femmes et aux garçons/hommes. Dire, par exemple, que « les femmes sont douces » ou que « les hommes ont de l'autorité » sous-entend que toutes les femmes et que tous les hommes sont comme ça.

Les stéréotypes de sexe viennent légitimer les inégalités et le genre : si les femmes sont douces par nature, c'est « normal » que ce soit elles qui s'occupent le plus des enfants et des personnes âgées; si les hommes ont de l'autorité, c'est bien logique que ce soit eux qui dirigent les entreprises, la famille... et le pays.

Genre

Le genre est le système de normes définissant la « féminité » et la « masculinité ». Ces normes sont variables, et valables dans une culture donnée, à une époque donnée. C'est-à-dire que des caractéristiques différentes, construites en opposition, sont attribuées aux femmes et aux hommes, et que celles associées aux femmes ont systématiquement moins de valeur : passive/actif, émotive/rationnel, faible/fort, soumise/autoritaire, etc. C'est ce qu'on appelle aussi la domination masculine.

Source : Haut Conseil à l'Égalité entre les femmes et les hommes

L'ENFANCE : UN MONDE DE PRINCESSES PASSIVES ET DE COURAGEUX CHEVALIERS

Le goût des poupées et du rose n'est pas inné chez les petites filles, de même que les petits garçons ne sont pas « par essence » attirés par les petites voitures et les pistolets en plastique. Par les cadeaux que les adultes leur font, par les dessins animés qu'elles et ils regardent, par les vêtements avec lesquels on les habille, les goûts et les aptitudes des enfants sont façonnés par leur entourage.

Comment les jouets et les contes entretiennent les inégalités entre les femmes et les hommes

Les stéréotypes de sexe permettent de justifier plus facilement les inégalités entre les femmes et les hommes.

Si les femmes réalisent 80 % des tâches ménagères et familiales, c'est parce qu'elles seraient plus « douées » pour cela. Il n'y a qu'à observer les petites filles : elles adorent jouer à la poupée et à la dînette ! Si elles se préoccupent plus de leur apparence physique – de leur poids, de leurs rides, de la mode – que les hommes, c'est parce qu'elles aiment ça ! Si on y regarde de plus près, « les trucs de meufs », ou plutôt les « trucs » que la société impose aux femmes, n'auraient-ils pas une fâcheuse tendance à les réduire à leur beauté et au souci des autres ?

Cette éducation différente contribue à forger le caractère des adultes – femmes et hommes – de demain et à ancrer durablement les inégalités.

SIMONE DE BEAUVOIR

est une philosophe du XXᵉ siècle, particulièrement engagée pour les droits des femmes, contre la guerre du Vietnam, contre les tortures pendant la guerre d'Algérie…

Entre autres livres, elle a écrit, en 1949, l'un des ouvrages majeurs de la théorie féministe : *Le Deuxième Sexe*.

Elle y développe son analyse de l'éducation des petites filles et des petits garçons et explique que les inégalités entre les femmes et les hommes ne sont ni naturelles, ni biologiques. Elles sont construites par la société : elles sont culturelles.

Les femmes ne naissent pas « femmes » (c'est-à-dire avec toutes les caractéristiques associées aux femmes) : c'est la société qui les leur inculque.

Elle observe que les jeunes femmes sont éduquées pour plaire aux hommes, se marier et avoir des enfants, tandis que les jeunes hommes sont encouragés à s'accomplir personnellement, par leur savoir ou leur profession.

Abordant l'éducation, la sexualité, le mariage, l'avortement, le lesbianisme, *Le Deuxième Sexe* est une véritable bombe dans la société conservatrice de l'époque. Son propos est révolutionnaire et sera parfois très critiqué, mais connaîtra un immense succès partout dans le monde.

70 ans après leur publication, les analyses de Simone de Beauvoir sont encore très actuelles.

Tu as peut-être déjà entendu la citation de Simone de Beauvoir : « On ne naît pas femme, on le devient » ?

Les contes pour enfants : un univers sexiste

Intemporelles, les histoires qui commencent par « Il était une fois » ont bercé des générations d'enfants et inspiré de nombreux films Disney. *Le Petit Chaperon Rouge*, *Cendrillon*, *La Petite Sirène*, *Blanche-Neige et les sept nains*, *La Belle au bois dormant*... Beaucoup de contes ont une petite fille ou une femme pour personnage central. Mais que nous disent ces histoires sur la place des femmes dans la société et sur les relations entre les femmes et les hommes ?

Toute princesse ne peut compter que sur un prince charmant pour la sauver

« Un jour mon prince viendra », chante Blanche-Neige, contrainte par sa méchante belle-mère à un quotidien fait de tâches ménagères. La Belle au bois dormant, elle aussi, sera « sauvée » de son sommeil par un prince charmant 100 ans après avoir reçu un sort.

Il ne peut pas y avoir de solidarité entre femmes

Toutes celles qui entourent les héroïnes sont souvent jalouses et méchantes. La belle-mère et les demi-sœurs de Cendrillon la jalousent et l'exploitent comme servante, la belle-mère de Blanche-Neige tente de la tuer à quatre reprises car elle lui envie sa beauté, la sorcière Ursula terrorise la petite sirène et souhaite faire d'elle son esclave. Comment s'étonner que la jalousie et la rivalité entre filles et entre femmes soient si courantes ?

On attend surtout des princesses qu'elles soient belles, naïves et passives

Dans les contes, les princesses attendent ou dorment. Elles attendent qu'un prince vienne les sauver, et ne se libèrent jamais elles-mêmes de leur sort.

Blanche-Neige est tellement naïve qu'elle est trompée trois fois par sa belle-mère qui tente de la tuer. Elle est finalement empoisonnée en croquant dans une pomme et tombe inconsciente.

Même chose pour la Belle au bois dormant qui ne trouve rien de mieux à faire que d'aller dans le sous-sol de son château et se piquer au dernier fuseau existant dans tout le royaume, ce qui l'endort jusqu'à l'arrivée du Prince.

Dans son spectacle « Contes à rebours » et dans le livre qui en est tiré, la comédienne et autrice Typhaine D réécrit les contes de notre enfance et crée des héroïnes puissantes, solidaires et inspirantes. Sorcières, fées et princesses s'unissent et se battent pour leurs droits.

La Grande Chaperonne Rouge - Typhaine D
© Nora Hegedüs

BIENTÔT DES HÉROÏNES FÉMINISTES DE DESSINS ANIMÉS ?

Le temps des héroïnes féministes dans les dessins animés Disney n'est pas encore venu. Cependant, on note quand même une certaine évolution entre *Cendrillon* et *Mulan*, et, plus récemment, dans les films *Raiponce* ou *La Reine des neiges*.

C'est suffisamment rare pour le souligner : *La Reine des neiges* valorise un duo d'héroïnes aux supers pouvoirs, qui ont une amitié entre sœurs, un amour sororal, et qui ne sont pas ennemies. L'une des deux, Elsa, accède au titre de reine et est toujours célibataire à la fin du film, alors que la très grande majorité des films Disney ont pour sujet central une histoire d'amour (toujours hétérosexuelle) et se concluent par le traditionnel : « Ils se marièrent, vécurent heureux et eurent beaucoup d'enfants. »

Quand les jouets séparent filles et garçons

Que ce soit dans les magasins de jouets ou dans les boutiques de vêtements, les rayons « filles » et « garçons » sont clairement délimités et séparés. Comme si le sexe des enfants déterminait par avance leurs goûts et leurs activités préférées.

Mais quand on y réfléchit, n'est-ce pas un peu absurde d'habiller des bébés en bleu ou en rose, selon que ces derniers ont un vagin ou un pénis ? Car, au fond, qu'est-ce qui distingue, à la naissance, une petite fille d'un petit garçon ? Leurs organes génitaux, c'est tout. Et, même sur ce plan-là, les distinctions ne sont pas si évidentes puisqu'il y a également des enfants qui naissent intersexes (on estime entre 2000 et 4000 naissances en France), c'est-à-dire sans sexe biologique déterminé.

Pourtant, dès les premiers mois des bébés, il existe des bodys « pour filles » ou « pour garçons » et même des hochets différents selon le sexe. À l'âge où les enfants commencent à s'amuser seuls, les clichés se renforcent et les jouets projettent les attentes des adultes.

« Il est temps de mélanger le rose et le bleu pour voir ensemble l'avenir en violet. »

Clémentine Autain

« Marre du rose ! » : une campagne Osez le Féminisme !

Pour sensibiliser le grand public et responsabiliser les magasins et les fabricants de jouets, Osez le Féminisme ! avec les Chiennes de garde, une association qui dénonce notamment le sexisme dans la pub et dans l'espace public, mènent depuis plusieurs années une campagne appelée « Marre du rose ! ».

En distribuant des flyers à l'entrée des magasins de jouets lors des fêtes de fin d'année et en incitant à interpeller l'Industrie du jouet sur les réseaux sociaux, leurs militant.e.s alertent sur le fait que les jouets soient de plus en plus stéréotypés selon les sexes.

Alors que de nombreux jouets – comme les Legos, le Monopoly, ou même les vélos – étaient unisexes dans les années 1980, ils sont aujourd'hui tous déclinés en bleu et en rose. Autrefois organisés par tranche d'âge ou par type d'activités, les magasins de jouets sont maintenant divisés en deux catégories – tu l'auras deviné… « filles » et « garçons ». C'est parfaitement inutile, et c'est surtout un énorme retour en arrière !

Du côté des filles : le choix entre Miss France ou ménagère

De la jolie princesse à la bonne ménagère, tout est réuni pour faire des filles de sages petits êtres qui n'auront pour seule vocation que de se pomponner et de faire plaisir aux autres – surtout, bien entendu, aux hommes. Pour résumer, elles ont le choix entre la panoplie Miss France – maquillage, manucure, bijoux, chaussures à talons, robes de princesse – ou celle de la ménagère, pour « faire comme maman » : poussette, dînette, fer à repasser, serpillière et balai ! Le tout en rose, évidemment.

Et du côté des garçons...

Au rayon garçons, on trouve plus de choix – mais pas dénués de stéréotypes : jeux scientifiques et de construction pour stimuler l'imaginaire et la réflexion, répliques de super-héros valorisant force et domination pour s'entraîner à sauver le monde, armes en plastique pour « jouer à la guerre », etc. Les garçons sont, eux, encouragés à rentrer dans la case de l'homme viril, dur et violent.

Les déguisements : un programme bien ficelé

Chez les grandes marques de jouets, la grande majorité des costumes pour filles sont des déguisements de princesses (talons, décolletés : tout y est) qui renvoient à la passivité, et ceux des garçons sont liés à la violence : policiers, personnages de Star Wars, guerriers... Ils ont tous une arme. Comment ensuite éduquer à la non-violence quand tous leurs jouets incitent au contraire ?

Finalement, deux mondes ressortent, binaires, asymétriques, complètement cloisonnés, sans autre interaction entre eux que celle de la séduction. C'est une véritable ségrégation.

« Ce n'est pas juste parce que tout le monde pense que les filles doivent juste être jolies et que les garçons doivent forcément être des aventuriers. »

(Daisy, 8 ans, se rebelle dans une vidéo postée par sa mère sur Facebook - visible sur YouTube - sur la différence entre les t-shirts des rayons filles et ceux des rayons garçons)

DU BLEU ET DU ROSE POUR VENDRE DEUX FOIS PLUS !

Rassurons-nous, les fabricants de jouets n'ont pas pour motivation principale de répandre le sexisme et la domination masculine. Non, leur intérêt est surtout de vendre le plus possible.

Rien de pire pour les profits d'une marque qu'un vélo vert, qui serait légué indifféremment aux frères et sœurs d'une même famille

La stratégie marketing des fabricants de jouets consiste donc à bien différencier les « vélos pour filles » (roses) des « vélos pour garçons » (bleus) pour que chacun.e des membres de la fratrie ait le sien. Lorsque le vélo rose sera trop petit pour la grande sœur, son petit frère ne voudra pas l'utiliser, et ses parents devront en acheter un bleu. Malin, non ?

Le même produit, en plus cher (et rose)

Ce dédoublement de nombreux produits en version « femme » et « homme », avec souvent un prix plus élevé pour les femmes, c'est ce que les féministes appellent « la taxe rose » ou « la taxe sexiste », particulièrement dénoncée par le collectif Georgette Sand, association qui déconstruit les stéréotypes et valorise l'expertise des femmes. Le principe est le suivant : le même produit - au départ mixte - est proposé simplement avec un emballage différent pour les femmes (le plus souvent rose), mais plus cher. Et ce, alors même que les femmes gagnent en moyenne 26 % de moins que les hommes.

Socialisation

Processus par lequel nous intériorisons les normes et les valeurs de la société et par lequel nous passons tous et toutes et qui génère des différences entre les filles et les garçons. Les contes, comme les jouets, sont deux éléments parmi bien d'autres de la socialisation. Cette socialisation influence les comportements, les goûts, les loisirs, les sports de prédilection, les vêtements, et les fait passer pour « naturels », tout au long de la vie.

Fais l'expérience dans les rayons des supermarchés, tu constateras que des produits du quotidien, déclinés pour femmes et hommes, sont systématiquement plus chers pour les femmes : rasoirs, déodorants à bille, mousse à raser, etc. On peut élargir ce constat aux services comme une coupe chez le coiffeur, systématiquement plus chère pour les femmes, quelle que soit la coupe qu'elles souhaitent et la longueur de leurs cheveux.

Finalement, deux mondes se dessinent, différents et sans échanges possibles : celui des filles et des femmes d'un côté, et celui, plus valorisé, des garçons et des hommes de l'autre.

UNE ÉDUCATION SEXISTE QUI A DES CONSÉQUENCES TOUT AU LONG DE LA VIE

Dire qu'il y aurait des activités et des loisirs réservés aux femmes, et d'autres réservés aux hommes n'est pas sans conséquence. Enfermer les enfants dans des cases selon leur sexe dès l'enfance contribue à limiter les choix de chacun et de chacune aussi bien dans leur vie personnelle que professionnelle.

Un parcours de vie influencé par le genre

Des conséquences nettes dans les choix d'orientation

Dès le collège, et plus particulièrement au lycée, garçons et filles sont amenés.es à faire des choix d'orientation. Ces choix ne sont pas seulement guidés par leurs notes ou leurs envies : la sociologie a montré que l'origine sociale et le sexe ont une forte influence sur la filière choisie. Il très difficile de sortir de ces cases : pourquoi se moquer d'une fille qui souhaite s'orienter vers un BTS informatique ou travailler dans le bâtiment, ou d'un garçon qui voudrait s'inscrire dans un CAP petite enfance ou esthétique ?

Au lycée, les filles ont de meilleurs résultats que les garçons et 91 % d'entre elles ont leur baccalauréat (contre 86 % des garçons).

Elles représentent aujourd'hui presque la moitié des élèves en Terminale S (46,5 %), mais les choix d'orientation à l'université sont très différents selon le sexe : elles sont seulement 27 % en école d'ingénieur.e.s, mais 85 % en paramédical et social. Dans l'enseignement professionnel aussi, la division femmes-hommes est très marquée : elles sont 20 % des élèves dans les CAP de métiers de production (métiers de l'agriculture, menuiserie, carrosserie, etc.), mais 66 % dans les CAP de métiers de services (petite enfance, coiffure, vente, esthétique, etc.).

Source : ministère de l'Éducation nationale et de l'Enseignement supérieur, 2018

... et par conséquent, dans les carrières professionnelles

Cette non-mixité des filières d'orientation s'accentue dans le monde professionnel : les femmes sont concentrées sur un nombre très restreint de professions qui renvoient toutes aux stéréotypes évoqués plus tôt.

Cette répartition sur le marché du travail renforce l'idée que, de la même manière qu'il y a des jouets pour les filles et d'autres pour les garçons, il y a bien des métiers faits pour les femmes, d'autres pour les hommes, et que les rôles de chacun.e dans la société sont distincts. C'est ce que l'on appelle « la complémentarité », c'est-à-dire que les femmes ne seraient pas doué.e.s pour les mêmes choses et qu'ils et elles seraient donc complémentaires.

Femmes et hommes ne travaillent pas dans les mêmes secteurs d'activité.

Et les emplois dans lesquels on retrouve les femmes sont peu diversifiés : plus de la moitié des femmes en emploi **se concentrent dans seulement 12 familles professionnelles**. Elles sont très largement majoritaires au sein des métiers de services (aides à domicile, assistant.e.s maternelles), parmi les enseignant.e.s, les agent.e.s d'entretien et les professions paramédicales.

Source : Insee, 2017

FAUT-IL ÊTRE UN MEC POUR ÊTRE GEEK ?

Il y a des domaines qui sont connus pour être « typiquement masculins », comme l'informatique. C'est une idée reçue !

Remettons les choses à l'endroit : les filles n'ont pas de retard en informatique ! C'est au contraire un domaine qui leur a été confisqué par pur machisme !

Au fil des années, alors que l'informatique s'imposait peu à peu comme la science révolutionnant l'industrie et les communications, sa valeur a augmenté. Progressivement, les hommes ont remplacé les femmes dans les cursus d'informatique, qui ouvraient désormais vers des diplômes reconnus et des postes bien mieux payés.

Aujourd'hui, c'est une bataille pour que les femmes puissent poursuivre des études dans ce secteur. Le sexisme dans les milieux informatiques est très puissant : il suffit de s'intéresser à un domaine touchant de près ou de loin aux ordinateurs (comme les jeux vidéos !) pour constater que les obstacles sont nombreux pour les femmes.

On trouve maintenant des initiatives, comme Django Girls, pour encourager les femmes à coder, ou à s'orienter dans les filières du numérique.

Ironie de l'histoire

L'ironie de l'histoire c'est que, si personne ne célèbre l'apport des grandes femmes qui ont permis l'informatique moderne, le nom d'une d'entre elles a pourtant inspiré un langage informatique encore utilisé aujourd'hui. Dans les années 1980, le langage Ada – un langage informatique orienté objet et multitâche qui est une des bases de nos codes actuels – est nommé en l'honneur d'Ada Lovelace.

ADA LOVELACE

L'une des pionnières de l'informatique s'appelle Ada Lovelace.

Cette baronne anglaise du XIXe siècle est une des premières personnes à avoir poussé les mathématiques dans de tels développements que des suites d'opérations pouvaient être exécutées et donc accomplir certaines tâches… créant ainsi un programme !

Ada Lovelace est la première programmeuse connue. A-t-elle été pour autant reconnue ? Sûrement pas autant qu'un homme à sa place…

Il en va de même pour les premières développeuses, programmant des logiciels à base d'algorithmes, à une époque où l'informatique était considérée comme une sous-branche des mathématiques, ne valant pas la peine que les cerveaux masculins s'y intéressent.

Il en a bien fallu, des femmes expertes à la frontière des mathématiques et de la physique, informaticiennes donc, pour faire décoller les fusées de la NASA ! C'est l'histoire que raconte le film *Hidden Figures*.

À la maison comme à la ville, le règne de l'inégalité

Dans le partage des tâches domestiques et familiales

Sans grand étonnement, la théorie de la « complémentarité » – avec laquelle ne sont pas d'accord les féministes – considère que les femmes ont des qualités innées pour le ménage, le soin des enfants et autres personnes dépendantes, et qu'elles sont douces et fragiles. Ces qualités seraient complémentaires à celles des hommes : ambition, virilité, autorité, etc. Les choses sont bien faites, n'est-ce pas ?

Les filles intériorisent très tôt qu'elles sont « meilleures » pour s'occuper des enfants (64 % des filles de 7 à 12 ans le pensent, contre 2 % des garçons), **pour cuisiner** (63 % contre 3 %), **et s'estiment plus attentionnées** (56 % contre 3 %).

Dans l'importance accordée au physique des femmes et à leur beauté

La socialisation des filles les encourage beaucoup plus que les garçons à se soucier de leur apparence. Les garçons qui se préoccupent trop de leur coiffure, qui voudraient s'épiler, voire se maquiller, font d'ailleurs l'objet de moqueries et de rejets sous prétexte qu'ils seraient « efféminés ».

Chez les filles et les femmes, les rappels à l'ordre sont constants : une « vraie » femmes s'épile, se maquille, se coiffe, s'hydrate le corps, se teint les cheveux blancs, met des talons, fait attention à son poids (voire est constamment au régime). C'est son physique qui lui donnera sa valeur, c'est grâce à son apparence qu'elle pourra réussir. Comme Blanche-Neige et la Belle au bois dormant, qui ont pour seule caractéristique leur beauté.

Une étude américaine sur le genre révélait que dès 6 ans, les filles se croient moins intelligentes que les garçons.

L'étude consistait à raconter aux enfants une histoire courte sur une personne « vraiment très intelligente » sans leur dire s'il s'agissait d'un homme ou d'une femme.

À 5 ans, garçons et filles ont attribué à part égale leur propre sexe comme étant celui de ce personnage « très intelligent ». Mais à partir de 6 ans, les filles étaient nettement moins nombreuses à faire ce choix que les garçons.

Source : *Science*, janvier 2017

Cet impératif de beauté crée des complexes, peut provoquer une baisse de l'estime de soi et encourager les troubles alimentaires tels que l'anorexie et la boulimie.

Nous devenons donc ce que nous sommes en fonction de notre éducation et de notre entourage. La responsabilité n'en revient pas seulement aux parents. Les films et les séries, les publicités, la musique, l'art, les médias, l'école, nos ami.e.s… contribuent à nous rappeler ce qu'est et comment doit se comporter un « vrai » homme et une « vraie » femme.

En conclusion, tu l'auras compris : il n'y a pas de trucs « de meufs » ni « de mecs », et ton sexe de naissance ne détermine pas ce que tu as le droit d'aimer, de lire, de regarder, ni le sport que tu as le droit de pratiquer.

Il est grand temps de se libérer des clichés !

Et maintenant, que faire ?

→ **Offrir des jouets non sexistes**

Le site **Marre du rose** répertorie une liste de livres pour les enfants de moins de 10 ans.

La maison d'édition **Talents Hauts** propose des livres dès 2 ans et jusqu'à l'adolescence garantis **100 % sans sexisme.**

→ **Interpeller les entreprises**

de l'industrie du jouet :

marredurose.olf.site/interpellez-industrie-du-jouet

→ **Mieux comprendre**

et dénoncer la taxe sexiste :

www.georgettesand.org

Eeeeh ben voilà ! Vous voyez Mlle Kalfaoui : quand vous pensez à autre chose qu'à la mode et au maquillage, vous arrivez à quelque chose !
$\frac{-b+\sqrt{b^2-4ac}}{2}$
HA
HA HA HA
HA HA HA HA HA
HA
HA

« HÉ ! MADEMOISELLE ! »

Le sexisme au quotidien : du langage aux violences

INTRODUCTION

Le sexisme au quotidien ne doit pas être ordinaire.

Chaque jour les féministes sont amené.e.s à décrypter et dénoncer diverses manifestations du sexisme : absence de femmes dans les médias, violences sexistes et sexuelles, différences de salaires... Cela peut sembler difficile à comparer, et il peut être tentant de considérer que certaines sont plus graves que d'autres.

En tant que féministes, nous pensons que chaque injustice ressentie par une femme doit être analysée, expliquée, dénoncée. Pour qu'aucune ne se sente seule face au sexisme.

Certaines choses nous touchent plus que d'autres et c'est parfaitement compréhensible, nous avons toutes et tous des sensibilités propres. Féminister la société, c'est avant tout faire preuve d'écoute et d'empathie, pour saisir ce qui heurte les femmes au quotidien. Nous refusons que les violences quotidiennes deviennent ordinaires ou acceptables.

Le projet féministe repose sur l'écoute des filles et des femmes. C'est sur cette base que nous avons construit une analyse cohérente de la société, pour l'améliorer chaque jour. Chaque question posée dans ce livre permet d'aborder des sujets précis. Ce chapitre décrit, de manière plus générale, comment le sexisme a pu perdurer jusqu'à présent, et quelles sont nos solutions pour l'arrêter !

LE SEXISME EST PARTOUT

« Tant qu'une seule femme sur la planète subira les effets du sexisme, la lutte des femmes sera légitime, et le féminisme nécessaire. »

(Isabelle Alonso, romancière et chroniqueuse)

La vie des femmes dans une société patriarcale

Deux mécanismes sont à l'œuvre : la ségrégation, qui sépare constamment l'humanité en deux groupes (femmes et hommes) et la domination, qui maintient les hommes en position de supériorité.

Ce système assigne à chaque sexe des rôles et des valeurs différentes, c'est la « construction du genre », dont on a parlé dans le chapitre 2.

Et pour maintenir le tout bien en place, la meilleure arme du patriarcat, c'est le sexisme. Le sexisme est difficile à définir tant il est omniprésent et mouvant.

Le patriarcat est une organisation du monde qui assure que le pouvoir appartient aux hommes.

Le sexisme a des effets directs sur les femmes : baisse de l'estime de soi, stratégies d'évitement (pour se protéger du harcèlement par exemple), choix d'orientation différents, et des conséquences sur leur santé psychique et physique. Plus généralement, il a un effet négatif sur toute la société, car les hommes aussi gagneraient beaucoup à vivre dans une société plus égalitaire et moins violente.

L'émancipation des femmes permettrait la libération de toutes et tous !

C'est quoi le sexisme ?

Au même titre que le racisme, le sexisme est une idéologie qui consiste à dévaloriser systématiquement les femmes, en les enfermant dans des stéréotypes, en invisibilisant leur réussite, en les ramenant à un statut d'objet.

Le sexisme assène en permanence aux filles et aux femmes qu'elles ne sont pas les égales des garçons et des hommes. Ce sont autant de mots, de gestes et d'attitudes qui entravent la vie de toutes et tous.

Le sexisme anti-hommes ? Ça n'existe pas !

Les hommes peuvent subir les effets néfastes du sexisme, être moqués parce qu'ils veulent faire de la danse ou exercer une profession perçue comme réservée aux femmes (sage-femme ou puériculteur, par exemple). Mais les cibles immédiates et directes du patriarcat sont bien les femmes.

Des hommes peuvent être de véritables alliés et avoir des engagements féministes. Mais jamais un homme ne pourra vivre la même expérience qu'une femme éduquée dans une société qui ne lui offre pas la même considération ni les mêmes droits.

Il n'existe d'ailleurs pas d'idéologie qui postule l'infériorité des hommes !

Une discrimination ou une violence sexiste fait partie du système d'oppression en place. C'est pour ça que le sexisme anti-hommes n'existe pas, pas plus que le racisme anti-blanc.he.s.

Le sexisme dans le langage

On l'a dit, le sexisme est partout : dans notre façon d'écrire et de parler, aussi. Et ce n'est pas anecdotique !

Article 1 : « Les hommes naissent et demeurent libres et égaux en droits. Les distinctions sociales ne peuvent être fondées que sur l'utilité commune. »

(Déclaration des droits de l'homme et du citoyen, 1789)

Et les femmes alors ?

On entend souvent dire que l'expression « les hommes » représente tous les êtres humains, on nous apprend qu'en grammaire le neutre est en fait le genre masculin, ou encore que les noms de métiers (surtout ceux qui sont valorisés socialement) ne s'écrivent qu'au masculin. Les femmes seraient-elles des hommes comme les autres ?

L'écriture épicène (ou inclusive, ou égalitaire)

L'histoire de la lente conquête des droits des femmes nous a prouvé le contraire. Nous avons donc besoin de féminister le langage : notre vocabulaire et notre grammaire sont un reflet de notre société et une structure qui aide chacun.e à construire sa pensée. Ça n'est pas en rabâchant que « le masculin l'emporte sur le féminin » que nous atteindrons l'égalité !

Pour contrer l'usage sexiste de la langue française, nous employons l'écriture épicène.

L'écriture épicène, qu'est-ce que c'est ?

C'est une manière d'écrire plus respectueuse de la place du féminin – et donc des femmes. C'est aussi une écriture plus précise, car écrire « Ils sont arrivés » lorsqu'on évoque un groupe de 99 femmes et 1 homme n'a aucun sens !

L'écriture épicène, également appelée « inclusive » ou « égalitaire », est donc une écriture à la fois féministe et plus réaliste.

Quelques principes simples pour l'adopter et ne plus laisser la place au sexisme dans notre langage

- Mettre au féminin et au masculin les noms de fonctions et professions : un directeur et une directrice, un auteur et une autrice, Monsieur le Maire et Madame la Maire, un chirurgien et une chirurgienne.

- Lorsqu'il s'agit d'un groupe, exprimer le féminin et le masculin : les employé.e.s, les ouvriers et ouvrières, etc.

- Imaginer des manières neutres d'évoquer les personnes, lorsqu'on n'a pas besoin de préciser s'il s'agit de femmes ou d'hommes : les personnes, les gens. Ou encore les « droits humains » plutôt que les « droits de l'homme ».

- Utiliser l'ordre alphabétique pour énumérer : c'est pour cela que dans tout ce livre, nous écrivons « égalité entre les femmes et les hommes » et pas entre les hommes et les femmes !

Article 1 : « La femme naît libre et demeure égale à l'homme en droits. Les distinctions sociales ne peuvent être fondées que sur l'utilité commune. »

(Olympe de Gouges, *Déclaration des droits de la femme et de citoyenne*, 1791)

Quand les expressions reflètent le sexisme

Le sexisme ne se traduit pas seulement dans les accords ou les difficultés que nous éprouvons à user du féminin pour certains noms de fonction. Beaucoup d'expressions sont sexistes, parfois même sans que nous ne nous en rendions compte.

« Elle est hystérique. »

L'hystérie a derrière elle une longue histoire de stigmatisation et d'obscurantisme, y compris sur le plan médical. Encore aujourd'hui ce mot est utilisé comme une insulte pour nuire aux femmes, en particulier dans les débats, lorsqu'une femme exprime fortement ses opinions.

Le mot « hystérie » vient du grec « *ustera* » (utérus). Dès le ve siècle avant Jésus-Christ, c'est Hippocrate qui décrit l'hystérie comme une maladie de l'utérus. Ce dernier s'agiterait dans le corps des femmes et causerait des douleurs, des convulsions, bref toutes sortes de symptômes liés à la « condition féminine » !

On aurait pu espérer des progrès de la médecine qu'ils effacent rapidement cette théorie absurde, mais l'hystérie a continué d'être considérée au sein de la médecine dite moderne ou encore de la psychanalyse.

Cette prétendue maladie était un prétexte à l'enfermement des femmes voire à des viols « médicaux » qui pouvaient prétendument guérir les femmes de leur mal... Employer ce mot pour décrédibiliser une femme est donc loin d'être anodin.

« Toi, t'es un vrai gars. »

Ah, il faudrait donc nous expliquer ce que c'est qu'un « faux gars » ? Le problème, c'est que personne ne sait ce que ça veut dire.

Il n'y a pas de vraie ou de fausse personne ! Ce qui est jugé avec de telles expressions, c'est si oui ou non quelqu'un.e se conforme à des normes de féminité ou de masculinité.

Soyons des personnes courageuses, fortes, sensibles, empathiques, colériques, susceptibles, etc.

La gamme des défauts et des qualités de chacun.e est large, pourquoi nous en priver sous prétexte qu'on appartient à un sexe et pas à l'autre ?

« Hé ! Mademoiselle ! »

Le terme « mademoiselle » fait partie du quotidien des jeunes femmes, dès leur enfance, dans la rue, à la boulangerie ou en cours. Quel est le problème avec ce mot ? Sexiste ou pas sexiste ?

La campagne lancée en 2011 par Osez le Féminisme ! et les Chiennes de Garde, intitulée « Mademoiselle, la case en trop », expliquait pourquoi employer « mademoiselle » est bel et bien sexiste.

En effet, la distinction entre « mademoiselle » et « madame » est loin d'être flatteuse : elle rappelle en permanence que les femmes sont définies par rapport à un homme. Cette différence de titre est réservée aux femmes, selon leur âge ou leur statut matrimonial supposé. As-tu déjà entendu dire « mon damoiseau » pour parler d'un jeune homme non marié ?

Abandonner l'usage de mademoiselle, même si ça peut sembler bizarre au début, c'est affirmer que les femmes et les filles doivent avoir un accès à la civilité identique à celui des hommes et des garçons. N'est-ce pas étrange qu'une fille soit appelée « mademoiselle » et son petit frère « monsieur » ?

De la même manière, n'est-ce pas complètement absurde qu'on parle de « nom de jeune fille » et qu'une femme abandonne son nom après le mariage par tradition ? N'est-on plus la même personne une fois la bague au doigt ? Cela peut créer des complications très concrètes pour les femmes : pour prouver leur identité, pour mettre des contrats à leur nom, etc. On peut très bien mener sa vie de bout en bout, sans « nom de jeune fille » mais avec son nom, tout simplement.

Rire de tout plutôt que de toutes

Les blagues sexistes, les blagues « graveleuses », les blagues sur les blondes…

Fais le test autour de toi : combien de blagues entends-tu sur les femmes ? Et combien sur les hommes ? Eh oui, elles sont beaucoup moins nombreuses !

Parce qu'il est très facile de rire des autres, surtout des groupes opprimés. Les blagues sur les arabes, les noir.e.s, les juifs et juives, les femmes, les personnes en situation de handicap, les asiatiques sont toujours les mêmes, et c'est rarement drôle. À force, on apprend aux femmes à rire d'elles-mêmes, à leurs dépens. En effet, au bout d'un moment, c'est fatigant d'être la reloue de service qui dit que la blague d'untel n'est pas drôle parce qu'elle est sexiste. Ça n'empêche pas d'apprécier l'humour corrosif, politique ou l'autodérision !

Les insultes sexistes

Dans un registre encore différent, peut-être as-tu remarqué que les insultes ont très souvent une origine sexiste et/ou homophobe. Il est d'ailleurs courant, pour blesser un garçon, d'employer une insulte au féminin.

« Ta mère », « salope », « putain », « connasse », « pédé », « tapette » : la liste est longue.

Nombreuses sont les insultes fondées sur les femmes, ou leur sexe. Par exemple, le mot « con » désignait au départ le sexe des femmes, puis est devenu une insulte à part entière (avec tous ses dérivés) impliquant qu'être une femme est quelque chose de péjoratif.

Le sexisme pourrit même nos gros mots !

LES VIOLENCES SEXISTES

On estime qu'au moins **600 000 femmes et filles sont victimes de violences sexuelles,** chaque année, en France

Source : INED, « Violences et rapports de genre » (Virage) 2016.

Le continuum des violences

Les violences sexistes sont présentes partout dans le monde. Ces violences, très majoritairement commises par des hommes contre des femmes ou des enfants, peuvent êtres physiques, psychiques et morales.

Comment les femmes pourraient-elles se dresser contre le sexisme lorsqu'elles sont isolées, blessées ou épuisées ? Ce sont les effets des violences sexistes, présentes tout au long de la vie des femmes, et dans tous les domaines. Il n'y a pas de pause.

C'est ce qu'on appelle le « continuum des violences » : toutes les violences sont portées par un même système qui culpabilise sans cesse les femmes et trouve des excuses aux agresseurs. Pas besoin d'être un génie pour agresser des femmes quand le travail est ainsi prémâché.

« Ça veut dire qu'on ne peut plus draguer ? »

Le féminisme ne nuit pas aux interactions femmes-hommes. Bien au contraire, le but c'est d'en ôter la violence.

Si l'on peut tracer une cohérence entre les différentes agressions sexistes, de l'insulte jusqu'au viol, ça n'est pas le cas avec l'amour ou la séduction. Il n'existe pas une manière de draguer qui, lorsqu'elle « déborde », se transforme en harcèlement par exemple.

La drague, elle, est une interaction consentie entre deux personnes ; le harcèlement, c'est quand une personne insiste tandis que l'autre souhaite mettre un terme à cet échange. Ce sont deux choses entièrement différentes : la séduction et l'amour n'ont rien à voir avec les violences.

La stratégie des agresseurs

Connaître et comprendre la stratégie des agresseurs te permettra peut-être de te protéger, ou tes proches, plus facilement.

L'impunité

L'impunité, c'est la plus grande force de agresseurs, leur principale alliée. L'impunité c'est d'abord le fait de ne pas être puni pour ses fautes, ses délits ou ses crimes. Dans un système patriarcal, l'impunité donne aussi un sentiment de toute-puissance aux agresseurs, qui s'appuient dessus pour récidiver. En effet, l'ensemble des mécanismes sexistes de la société participent à justifier leurs gestes, à rendre les coupables intouchables. L'impunité participe aussi du renversement de la culpabilité chez les victimes : comment croire qu'on a raison de réclamer justice quand tant d'agressions sexistes sont impunies ?

Voici un résumé des 5 étapes d'une stratégie des agresseurs, analysées par le Collectif Féministe Contre le Viol, régulièrement reprises par Osez le Féminisme !

1- Les agresseurs profitent des vulnérabilités

Les agresseurs ne sont pas connus pour leur courage : ils profitent de toutes les vulnérabilités de leurs potentielles victimes et utilisent tous leurs privilèges face aux femmes.

La plupart du temps, ce sont des proches, qui exploitent ce qu'ils savent de leur victime, y compris ses vulnérabilités particulières : handicap, maladie, traumatismes précédents, situation hiérarchique ou ascendant (dans une famille : un père sur sa fille par exemple), somnolence, etc.

2- Les agresseurs isolent

Il peut s'agir d'un isolement concret (dans une pièce, dans un lieu désert, dans le huis clos du foyer) ou émotionnel (par exemple, en coupant la victime de son entourage).

La solitude a pour effets de renforcer l'emprise des agresseurs et d'empêcher les victimes d'obtenir de l'aide.

3- Les agresseurs dévalorisent

En humiliant et critiquant leurs victimes, les agresseurs sapent leur confiance, la capacité qu'elles ont de s'écouter elles-mêmes. Puis ils les rassurent, répondent aux besoins qu'ils ont eux-mêmes créés et deviennent ainsi leur repère.

4- Les agresseurs inversent la culpabilité

L'inversion de la honte et de la culpabilité se nourrit de tous les clichés sur les violences sexuelles : là, il s'agit de convaincre les victimes qu'elles l'ont sans doute « cherché » (par leur tenue, leur attitude, le fait qu'elles avaient bu de l'alcool, etc.).

Parce que ce système cherche sans cesse à rendre les femmes coupables de ce qui leur arrive, les victimes apprennent à se haïr elles-mêmes.

5- Les agresseurs insécurisent et verrouillent le secret

Pour construire leur impunité, les agresseurs contraignent leurs victimes à se taire : ils mettent la pression en menaçant leur entourage (famille, ami.e.s, etc.) ou leurs conditions de vie (logement, travail, etc.).

Il n'y a pas d'auteur de violences

Un « auteur », c'est un homme créateur, qui découvre ou qui innove.

Les violences sexuelles et sexistes ne comprennent aucune création, aucun génie. Ceux qui les commettent ne font que détruire.

Auteurs de rien, ils sont agresseurs.

Aucun milieu n'est épargné

Dans un monde profondément sexiste, il n'existe pas de milieu épargné par les inégalités et les violences. C'est pour ça qu'il est fondamental d'écouter les femmes et les filles, et de les croire. Chacune peut donner des exemples d'expériences sexistes, y compris dans des endroits qui sont censés nous faire grandir, nous accompagner, nous soigner.

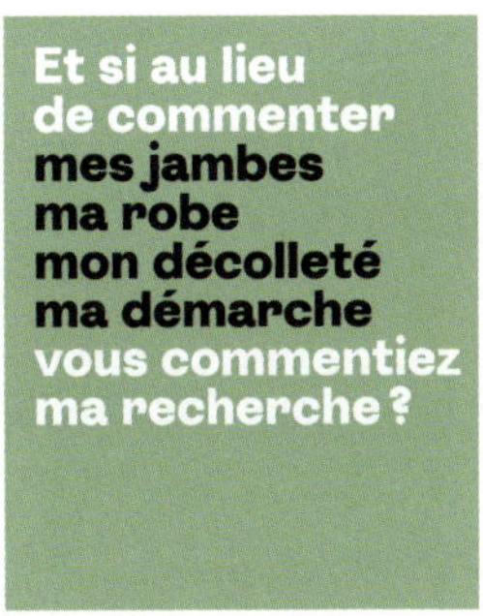

© Université de Genève

Des campagnes qui rendent visible l'omniprésence du sexisme

Depuis plusieurs années, des personnes s'organisent pour faire comprendre que le sexisme touche aussi leur environnement.

C'est par exemple le cas de l'université de Genève, qui a lancé en 2017 la campagne « #UniUnie » pour montrer la diversité des agressions sexistes et l'importance de se mobiliser contre, pour permettre à tou.te.s d'étudier et de travailler dans de bonnes conditions.

Dans la même veine, le Tumblr *Paye ton bahut* a été créé par des lycéennes pour dénoncer le sexisme en milieu scolaire.

« Dès la maternelle, tous les garçons essayaient de regarder sous ma jupe. Ma mère trouvait que c'étaient des jeux anodins, mais

#PAYETABLOUSE

#METOO

#PAYETONCOUPLE

#PAYETAFAC

#PAYETASCHNEK

#PAYETAROBE

#PAYETACULTURE

#PAYETONGYNÉCO

#CHAIRCOLLAB

#VIEDEMEUF

#BALANCETONPORC

pas moi », explique une des responsables anonymes de la page Facebook. Depuis *Vie de meuf* en 2010 (Tumblr participatif où des femmes témoignaient du sexisme au quotidien) ou, plus récemment, *Paye ta schnek*, ces initiatives se sont multipliées et aident à voir combien le sexisme est partout, mais aussi à prendre la mesure du nombre de personnes qui le combattent solidairement.

« Basta, ya ! »

La mobilisation peut prendre une tout autre dimension et devenir massive, y compris dans les rues. Au Chili, les étudiantes ont ainsi manifesté et bloqué les universités durant plusieurs mois pour dénoncer le sexisme.

Tout a commencé avec une manifestation pour obtenir de véritables sanctions contre un professeur qui avait harcelé plusieurs étudiantes. En mai 2018, c'est devenu un mouvement rassemblant des dizaines de milliers de personnes et réclamant des mesures pour protéger les femmes victimes de violences sexistes, une valorisation du matrimoine, la fin des discriminations à l'embauche... Bref, l'égalité !

La rue n'a jamais harcelé personne

Le « harcèlement de rue » est une réalité que beaucoup connaissent, qui nous incite à changer de trottoir par peur d'entendre des remarques, nous fait réfléchir à deux fois avant de rentrer à pied après une soirée, nous oblige parfois à rentrer en courant.

Pour résumer, ça nous fait flipper et ça nous pourrit la vie. Mais est-ce si spécifique à « la rue » ? Le harcèlement a également lieu en soirée, au travail, dans les transports, etc.

Harcèlement, agressions et viols ont tous un point commun : le seul responsable, c'est celui qui agresse. Or la rue n'a jamais harcelé personne.

Il est important de nommer et d'identifier correctement les violences sexistes et sexuelles pour ne pas risquer de les dénaturer, ou de les faire paraître moins graves. C'est la première étape pour combattre l'injustice : ce n'est pas la rue le problème, encore moins la présence des femmes, mais bien les agressions sexistes et, spécifiquement, les agresseurs eux-mêmes.

Take Back The Metro

Pour rappeler le droit de toutes les femmes à être en sécurité partout, Osez le Féminisme ! a lancé en 2014 la campagne « Take back the métro » (Récupérons le métro).

Un groupe de femmes se réappropriant les transports publics en faisant la fête, est-ce possible ? Oui ! L'idée était d'interpeller et de parler avec les passager.e.s, dans la bonne humeur.

Des autocollants ont aussi été créés à cette occasion, détournant ceux de la RATP, car il n'y a pas que les violences qui créent un environnement sexiste. On peut aussi citer le « manspreading », cette tendance des hommes à prendre toute la place (littéralement, « à s'étaler »), laissant aux femmes des conditions de voyage inconfortables, et l'impression de ne pas être à leur place.

Heureusement les féministes ont proposé, avec humour, des manières de soigner tout ça…

La non-mixité : pour quoi faire ?

S'il n'existe pas de réserve naturelle antipatriarcat, on peut néanmoins essayer de créer des zones plus sûres où se ressourcer et partager ses expériences.

C'était le cas des femmes se retrouvant pour la campagne « Take back the metro », ça peut l'être aussi de groupes de parole ou d'associations féministes en non-mixité. L'idée est que les femmes puissent se retrouver entre elles notamment pour faciliter la prise de parole. Il n'est en effet parfois pas évident pour des femmes de parler en présence d'hommes de certains sujets, et beaucoup d'hommes n'arrivent pas à se détacher de leurs privilèges pour garantir l'écoute.

Le viol, une arme de terreur

En France, le viol est un crime défini par le Code pénal (article 222-23) comme « tout acte de pénétration sexuelle, de quelque nature qu'il soit, commis sur la personne d'autrui par violence, contrainte, menace ou surprise ». Le viol est passible de 15 ans de prison, 20 avec certaines circonstances aggravantes, 30 ans s'il a entraîné la mort.

La réalité des viols

Depuis toujours, le viol est une arme de terreur patriarcale. C'est une violence sexiste terrible qui peut détruire physiquement comme moralement, peut causer le rejet des proches, l'exclusion sociale. Pas étonnant que le viol soit utilisé comme une arme de guerre dans les zones de conflits. C'est une violence totale contre les femmes.

Il est difficile de donner les chiffres des viols, même en France.

Les enquêtes estiment à 84 000 au moins le nombre de femmes majeures victimes de viols ou de tentatives de viols, chaque année.

Source : Enquête Cadre de Vie et Sécurité 2010-2015 - INSEE-ONDRP.

La culture du viol

Avec seulement 10 % des femmes portant plainte et 3 % des plaintes donnant lieu à un procès, **le viol est un crime massivement commis et massivement impuni.**

Cette impunité est en partie expliquée par **la culture du viol**, ou culture des violences sexistes et sexuelles. On entend par là l'ensemble des mécanismes sociaux et culturels qui créent un contexte où les violences sexuelles peuvent être exercées sans que les agresseurs soient inquiétés.

Rejeter la responsabilité sur les victimes, excuser les agresseurs, penser qu'une femme qui dit « non » pense « oui », faire des femmes des objets sexuels dans la pub ou la mode : tout cela fait partie du même système, de même que les clichés sur les viols.

Il y aurait par exemple un profil type du violeur : un inconnu, la nuit, dans une ruelle sombre. C'est tout le contraire, puisque que la majorité des violeurs (80 %) sont des proches des victimes.

Viol : la honte doit changer de camp

Les chiffres sont terrifiants. Et pourtant, ils sont souvent sous-estimés, car il reste extrêmement difficile pour une victime de viol d'en parler, ou d'aller porter plainte.

Il existe beaucoup de raisons à cela. Trop de femmes ont encore honte d'avoir été violées. Cela peut empirer quand les personnes chargées d'accueillir les victimes de viols, au commissariat, en gendarmerie ou même à l'hôpital, manquent de formation et sont donc maladroites voire adoptent des comportements totalement inadaptés (« Vous étiez habillée comment ? », « Vous en avez pas eu un tout petit peu envie à un moment donné ? », « Vous aviez bu ? »).

La peur du viol est très profondément ancrée dans notre culture, mais nous traitons le problème à l'envers : on apprend davantage aux filles à avoir peur du viol et à chercher à l'éviter qu'aux garçons à ne pas violer.

Les femmes ne sont pas responsables des viols qu'elles subissent. Voilà pourquoi les féministes clament : « **La honte doit changer camp !** »

Des outils pour aider les victimes

Pour aider les victimes, il faut rappeler quelques principes et les partager le plus possible. Ils sont valables pour le viol, mais concernent aussi les agressions, le harcèlement ou les insultes.

- Une victime doit être écoutée et crue ;
- Un viol n'est jamais la faute de la victime ;
- Un violeur ne doit jamais être excusé ou impuni ;

- Le viol est un crime ;
- Porter plainte est un droit.

Ces principes sont notamment le fruit de l'expertise de 30 années de terrain du Collectif Féministe Contre le Viol (CFCV), qui tient la seule permanence nationale d'écoute et de conseil pour les victimes de viols.

Un numéro à retenir :
Viols Femmes Informations 0 800 05 95 95.

Grâce au travail et à l'engagement du CFCV, des milliers de victimes de viol ont pu être accompagnées et aidées. Les autres associations féministes s'appuient aussi largement sur l'expérience du CFCV pour développer leur analyse des violences sexuelles et réclamer les évolutions législatives nécessaires, comme l'allongement des délais de prescription (la période durant laquelle on peut porter plainte) pour les viols sur mineur.e.s.

COLLECTIF FEMINISTE
CONTRE LE VIOL
VIOLS FEMMES INFORMATIONS
N° national 0 800 05 95 95
APPEL GRATUIT / ANONYME / LUN-VEN 10H -19H

GISÈLE HALIMI

une justicière pour les droits des femmes

Parmi celles qui ont fait avancer à pas de géantes la lutte contre le viol, on retrouve l'avocate et militante Gisèle Halimi, née en 1927.

Lors du « procès de Bobigny » en 1972, elle défend une jeune femme, Marie-Claire, inculpée pour avoir avorté après un viol.

En 1978, elle défend deux jeunes femmes, Anne Tonfl et Araceli Castellano, victimes d'un viol collectif.

Ces deux procès successifs mettent en évidence les violences que subissent les femmes dans la société française.

Les stratégies de défense de Gisèle Halimi, courageuses et très médiatisées, ont participé à la fois du mouvement pour l'obtention de la loi Veil en 1975 sur l'interruption volontaire de grossesse, et de la reconnaissance du viol comme crime (c'était jusqu'alors un délit) en 1980.

En 1979 encore, elle proposa d'aligner les droits des femmes vers le haut en Europe. Une résolution allant dans ce sens fut adoptée à l'Assemblée... en 2010 seulement !

Tout au long de sa vie, Gisèle Halimi a défendu, de toutes les manières possibles, les droits des femmes.

Les féminicides : quand le sexisme tue

123 femmes victimes de féminicides en France en 2016

C'est 1 femme tuée tous les 3 jours par un conjoint ou ex-conjoint.

Source : Ministère de l'intérieur, 2017

Un féminicide, c'est le meurtre d'une fille ou d'une femme parce qu'elle est une fille ou une femme. Le féminicide est un concept encore méconnu en France : le terme n'est entré dans le dictionnaire *Le Petit Robert* qu'en 2015.

Aux États-Unis et en Amérique latine, il est très largement adopté :

- Comme objet d'étude et de recherche, notamment grâce à deux femmes, Jill Radford et Diane Russell, qui publient en 1992 un livre intitulé *Femicide: The Politics of Woman Killing* (qu'on pourrait traduire par « l'aspect politique du meurtre des femmes ») ;
- Dans la loi : plusieurs pays d'Amérique latine – le Mexique dès 2007 – ont inclus le féminicide dans leur code pénal comme désignant un meurtre spécifique, à l'encontre des femmes, en raison de leur sexe.

On utilise peu le terme en France, mais les féminicides sont pourtant courants et font souvent les titres de la presse. Le féminicide de Marie Trintignant, morte sous les coups de Bertrand Cantat, est encore très régulièrement évoqué, devenu un véritable symbole de l'impunité des agresseurs.

Reconnaître le féminicide, c'est reconnaître les victimes (et inversement)

Les féminicides ne sont ni des « drames familiaux », ni des « crimes passionnels ». Ce ne sont pas non plus des statistiques vides de sens ou encore des « femmes qui meurent », sans qu'on sache qui les tue.

En 2018, Séverine, Nelly, Candice, Hajer, Delphine, Élodie, Roxane, Lucette et bien d'autres ont été tuées, souvent à la suite de violences psychologiques et physiques subies pendant des années.

« Elles ont tous les âges, de 19 à 90 ans. Elles sont secrétaire, aide-soignante, assistante maternelle, conductrice de car, patronne de bistrot, agricultrice, employée municipale, groom, serveuse. Leur redonner ne serait-ce que quelques lignes d'existence, un âge, une profession, une situation familiale, c'est comprendre qu'on les croise tous les jours. »

(Titiou Lecoq, journaliste et autrice)

Ces violences s'inscrivent dans des cultures différentes, qui ont pourtant toutes un point commun : elles prétendent que les filles valent moins que les garçons et que les hommes ont droit de vie et de mort sur elles. La haine misogyne tue. Voilà pourquoi les féminicides ne sont pas des homicides comme les autres et qu'il est important de le faire reconnaître.

En France, la reconnaissance du féminicide reste à conquérir-pour que :

- **Dans le vocabulaire de tous les jours :** les médias cessent de parler de « crime passionnel » quand un homme tue sa conjointe ;

- **Dans la loi :** le féminicide soit inscrit dans le code pénal comme un crime à part entière, comme c'est déjà le cas dans de nombreux pays d'Amérique latine, en Espagne et en Italie.

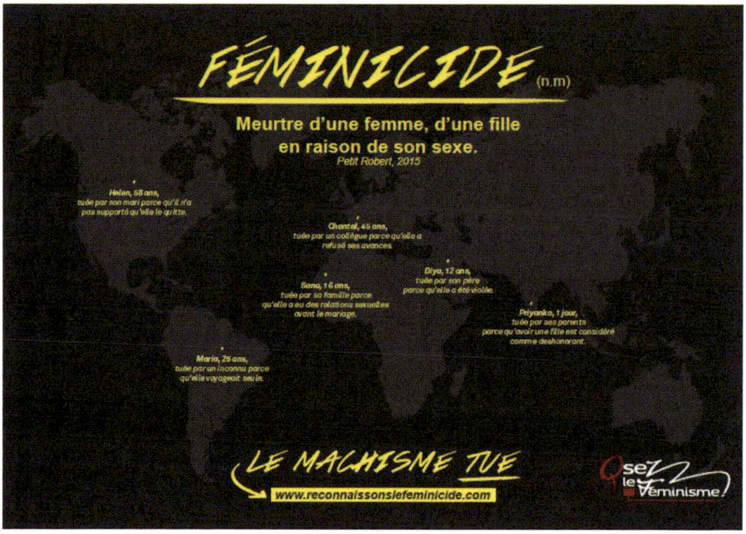

6 décembre 1989

Le féminicide de Montréal

Le 6 décembre 1989, un féminicide a été commis à l'école Polytechnique de Montréal, par Marc Lépine, tuant 14 femmes et en blessant 10 autres.

Il a choisi d'épargner les hommes – les faisant sortir de la salle de cours – et a ciblé spécifiquement les femmes, étudiantes comme employées.

Dans une lettre, il a expliqué que son geste était politique et motivé par sa haine des féministes. Il a aussi laissé une liste de femmes célèbres, disant avoir manqué de temps pour les exécuter.

Marc Lépine n'est pas un psychopathe : son geste était réfléchi. Il est d'ailleurs devenu une icône pour de nombreux masculinistes (voir définition page 73), au Canada mais pas seulement. Depuis ses crimes, d'autres hommes ont commis des attentats et des tueries de masse contre les femmes : c'est le cas d'Elliot

Rodger qui a abattu 6 personnes dans une université américaine en 2014, voulant se venger des filles qui « n'avaient jamais été attirées par lui », ou d'Alek Minassian, qui a foncé avec sa voiture dans la foule à Toronto en avril 2018, tuant 10 personnes et en blessant une quinzaine d'autres, dans leur grande majorité des femmes. Il a annoncé son geste comme symbole de la « révolte des *incels* » (contraction de « involuntary celibate », ou « célibataire contre son gré »).

Chaque année, le 6 décembre, des militantes se rassemblent, au Canada comme en France, pour commémorer les victimes de l'attentat sexiste de Polytechnique Montréal. Les noms des victimes sont lus, pour qu'elles ne soient jamais oubliées :

Geneviève Bergeron
21 ans

Hélène Colgan
23 ans

Nathalie Croteau
23 ans

Barbara Daigneault
22 ans

Anne-Marie Edward
21 ans

Maud Haviernick,
29 ans

Barbara Klucznik-Widajewicz
31 ans

Maryse Laganière
21 ans

Maryse Leclair
23 ans

Anne-Marie Lemay
22 ans

Sonia Pelletier
28 ans

Michèle Richard
21 ans

Annie St-Arneault
23 ans

Annie Turcotte
20 ans

Le masculinisme, ça n'est pas le féminisme pour les hommes

Le masculinisme est une idéologie sexiste qui cherche à faire croire que les hommes seraient menacés par une société féministe, dans laquelle les femmes domineraient les hommes.

Par exemple, la parité priverait les hommes de leur dû, l'émancipation des femmes empêcherait ces messieurs de trouver une compagne, etc.

Loin d'être un mouvement pour l'égalité, le masculinisme est bien un mouvement politique qui entretient la haine des femmes.

EN FINIR AVEC LE SEXISME

La guerre des sexes a déjà lieu

Souvent, les féministes sont taxé.e.s de vouloir mener « la guerre des sexes ».

Après ce passage en revue peu réjouissant des différentes formes de sexisme, tu le vois toi-même : la guerre des sexes a déjà lieu.

Des millions de femmes sont confrontées chaque année à des violences dont elles ne sont aucunement responsables. C'est pour cela que le féminisme est un mouvement profondément pacifiste. À y bien réfléchir, c'est le seul mouvement véritablement révolutionnaire – il faut tout changer pour atteindre l'égalité ! – qui n'ait jamais tué personne. Aucun.e blessé.e non plus.

Les seules victimes de cet engagement sont les militantes, contre qui des violences ont pu être exercées, des suffragettes emprisonnées au xxe siècle jusqu'aux journalistes harcelées aujourd'hui parce qu'elles portent des sujets féministes dans les médias.

UN DISCOURS À CONNAÎTRE :

quand Andrea Dworkin réclamait une trêve

Andrea Dworkin (1946-2005) est une militante féministe radicale qui a œuvré toute sa vie pour l'égalité entre les femmes et les hommes, en concentrant ses analyses et stratégies sur la fin des violences masculines.

En 1983, elle est invitée à une conférence organisée par la National Organisation for Changing Men (Organisation nationale pour changer les hommes – une association qui rassemblait des hommes antisexistes). Elle y donna l'un de ses discours les plus célèbres :

« Et je veux un jour de répit, un jour de pause, un jour au cours duquel de nouveaux corps ne s'amoncelleront pas, un jour au cours duquel aucune nouvelle agonie ne s'ajoutera aux anciennes, et je vous demande de me le donner.

Et comment pourrais-je vous en demander moins – c'est si peu.

Et comment pourriez-vous m'en offrir moins – c'est si peu.

Même dans les guerres, il y a des jours de trêve. Allez-y et organisez une trêve. Faites obstacle à votre camp pour un jour.

Je veux une trêve de 24 heures durant laquelle il n'y aura pas de viol.

[...] Et ce jour-là, ce jour de trêve, ce jour où pas une femme ne sera violée, nous commencerons la pratique réelle de l'égalité, parce que nous ne pouvons pas la commencer avant ce jour-là.

Avant ce jour-là, elle ne veut rien dire parce qu'elle n'est rien ; elle n'est pas réelle ; elle n'est pas vraie.

Mais ce jour-là, elle deviendra réelle. Et alors, plutôt que le viol, pour la première fois dans nos vies – tant les hommes que les femmes –, nous commencerons à faire l'expérience de la liberté. »

TOUTES VICTIMES ET HÉROÏNES

Oser parler de sexisme, de patriarcat, de la gravité des violences sexistes et sexuelles ne rend pas les féministes pessimistes ou résignées. Mais il est vrai que ce sexisme quotidien est une épreuve qui peut susciter parfois tristesse et malaise, parfois une grande colère, parfois les deux.

Il existe un réflexe très naturel, fait pour nous protéger, qui consiste à dire : « Ça ne me concerne pas, je ne suis pas une victime. » Quand on y pense, c'est assez étrange. Comme si c'était être une victime qui était grave ou honteux. Les victimes sont celles que nous devons protéger, écouter, celles que nous devons admettre d'avoir été pour mieux lutter contre les violences et les injustices.

Protéger et partager la parole des victimes, la respecter et l'accompagner n'est pas une démarche « victimaire », ou qui dévaloriserait qui que ce soit. C'est, au contraire, saluer le courage immense et l'héroïsme de ces personnes. De nombreuses femmes sont de vraies survivantes, de véritables héroïnes.

On a beaucoup entendu parler d'une « libération de la parole des femmes » avec le mouvement #MeToo. En réalité, les femmes ont toujours parlé et essayé de se faire entendre, depuis des générations ! Ce qui change, c'est qu'elles sont enfin écoutées et crues.

Il faut maintenant amplifier ce mouvement et passer de la compréhension à l'action. Pour ça, la plus grande force des féministes.

C'est la sororité.

La sororité : toutes pour une et une pour toutes

Le sexisme au quotidien est une force incroyable qui s'exerce contre les femmes. Mais les femmes aussi sont fortes quand elles se retrouvent, s'écoutent et s'entraident.

L'une des conséquences du patriarcat est la division des femmes, qui passe par la jalousie, ou le fait de dénigrer d'autres femmes pour s'en distancier.

Le sexisme a tout intérêt à cette division et l'encourage, car aucune femme seule ne pourra faire tomber tout un système ! C'est le mythe de *l'empowerment*, de la puissance individuelle des femmes. Certaines seraient tellement fortes, compétentes, travailleuses, qu'elles pourraient sauter au-dessus du mur du patriarcat. Wonderwoman est une illusion qui nous donne un objectif inatteignable. La démarche féministe vise plutôt à détruire ce mur ensemble. C'est une action forcément collective, qui implique de réapprendre à nous faire confiance. Il faut dépasser les clichés d'une solidarité féminine artificielle, ou de l'idée que les femmes « seraient pire entre elles ». Le féminisme est aussi un apprentissage de la bienveillance et de la solidarité entre femmes, c'est cela la sororité.

Reconnaissons-nous, les femmes
Parlons-nous, regardons-nous,
Ensemble, on nous opprime, les femmes
Ensemble, Révoltons-nous !

(L'« Hymne des femmes »)

Et maintenant, que faire ?

→ Ne pas utiliser n'importe quels mots pour parler des femmes, ça commence par là !

→ Essayer d'imaginer des insultes non sexistes ! Un exercice pas si évident mais toujours très drôle.

→ Adopter l'écriture égalitaire et l'expliquer autour de toi.

→ Ne pas hésiter à employer fièrement « madame » plutôt que « mademoiselle » !

→ Si tu es victime ou témoin d'une agression sexiste ou sexuelle ou d'un viol, cherche de l'aide autour de toi et auprès des associations spécialisées.

→ Se soutenir face aux réflexes sexistes, en étant d'une solidarité sans faille, en restant bienveillant.e.s les un.e.s avec les autres.

→ Aller + loin

Le Collectif Féministe Contre le Viol
https://cfcv.asso.fr

Le site de la campagne « Viol : la honte doit changer de camp ! »
www.contreleviol.fr

Le site de la campagne « Reconnaissons le féminicide » :
www.reconnaissonslefeminicide.fr

→ Pour la lutte contre le bizutage et le sexisme dans l'enseignement supérieur, l'association **CLASCHES**, (Collectif de lutte contre le harcèlement sexuel dans l'enseignement supérieur).

→ Sur l'écriture épicène, lire le livre d'Éliane Viennot, *Non, le masculin ne l'emporte pas sur le féminin ! Petite histoire des résistances de la langue française*, 2017 ou consulter son site **http://www.elianeviennot.fr/**

→ La chaîne YouTube Le meufisme remet avec humour les choses à l'endroit, y compris sur le langage, les violences… On te conseille d'écouter la chanson « *Ta mère la* » de MC Daronne !

→ Le téléfilm *Le Procès de Bobigny* retrace le fameux procès où Gisèle Halimi a confronté le tribunal à l'injustice dont les femmes étaient victimes.

LES FEMMES

Ces grandes oubliées

OÙ SONT LES FEMMES DANS LES LIVRES D'HISTOIRE ?

Le matrimoine,
ou l'héritage des femmes

INTRODUCTION

César, Charlemagne, Louis XIV, Napoléon... Voilà quelques grandes figures de nos livres d'histoire. On n'oublierait pas quelqu'un ? Ou plutôt, quelques-unes ?! Où sont passées les femmes ? Pourquoi une si faible représentation des femmes dans cette histoire bâtie ensemble ? Nos vies sont par définition mixtes, pourquoi leur récit ne le serait-il pas ?

Sur 339 biographies étudiées dans 11 manuels d'histoire en 2011, 11 étaient des biographies de femmes. Soit 3,2 %. Le Centre Hubertine Auclert a produit une étude, « L'histoire des femmes sous silence », dont la conclusion est sans appel : « Les nouveaux manuels d'histoire ne vont pas assez loin dans la représentation des femmes comme réelles actrices de l'histoire. »

Alors, rendons à Cléopâtre ce qui est à Cléopâtre !

QUI ÉCRIT L'HISTOIRE ?

« Le présent enveloppe le passé et dans le passé toute l'Histoire a été faite par des mâles. »

(Simone de Beauvoir, *Le Deuxième Sexe*)

Les histoires varient beaucoup selon les personnes qui les racontent. Ces biais peuvent être liés à un manque d'information, à une mauvaise compréhension… Et aussi parfois parce qu'on raconte ce qu'on a envie d'entendre et ce dont on a envie de se convaincre.

C'est ainsi que l'Histoire avec un grand H, celle des civilisations, des progrès et des guerres ne fait qu'une toute petite place aux récits concernant les femmes.

Spoiler : les hommes écrivent l'Histoire !

Force est de constater que ces grands récits sont d'ailleurs écrits par des hommes. C'est logique puisque pendant longtemps, seuls les hommes ont eu accès à une éducation complète, et ont donc pu devenir des professeurs, des chercheurs et finalement écrire les livres d'histoire ! Une histoire d'hommes, transmises par des hommes, à d'autres hommes, en somme.

Un patrimoine… patriarcal

Depuis des millénaires, ce sont donc des héritages masculins qui sont partagés : ceux des rois et des héros, de leurs conquêtes et de leurs batailles. Ils sont célébrés à travers les arts – dans les peintures, les livres, les nombreuses statues de dirigeants ou de généraux qu'on peut trouver un peu partout dans le monde –, mais aussi dans l'architecture et les bâtiments ou les places qui portent leur nom (écoles Jules-Ferry, aéroport Aimé-Césaire, avenue Charles-de-Gaulle, etc.).

26 août 1970

« Il y a encore plus inconnu que le soldat inconnu : sa femme. »

Le combat pour la reconnaissance des femmes dans tous les domaines, passés ou présents, se retrouve depuis longtemps dans les mouvements féministes. La création du MLF en France a été marquée, le 26 août 1970, par le dépôt d'une gerbe sur la tombe du soldat inconnu, rappelant que plus inconnu que lui, il y avait sa femme. Ce faisant, les militantes sortaient la femme du soldat inconnu de l'oubli, et avec elle beaucoup d'autres. En 1970, nos aînées rappelaient déjà que l'égalité ne pourra pas être atteinte si les femmes sont constamment effacées et oubliées !

Patrimoine

Toute cette transmission de l'histoire et des réalisations des hommes, forme ce qu'on appelle le patrimoine. Ce mot vient d'ailleurs du latin *patrimonium* (« l'héritage des pères »).

Le patrimoine constitue notre histoire, il nous permet de mieux comprendre le monde dont nous avons hérité. Cette transmission est donc très précieuse. Le problème, c'est qu'elle n'est pas très équilibrée.

LES FEMMES EFFACÉES

Cet effacement des femmes est un véritable danger, à plusieurs égards. C'est ce qu'on appelle l'invisibilisation, c'est-à-dire le fait de rendre invisibles des faits ou des personnes, de les faire tomber dans l'oubli.

L’invisibilité, une oppression plus qu’un super pouvoir

La femme invisible, la cape d’invisibilité... Dans les mondes magiques, l’invisibilité est souvent un super pouvoir. Dans le monde réel il s’agit plutôt d’un outil d’oppression. Les femmes ne sont pas les seules à subir l’invisibilisation, à devoir se battre pour qu’on leur rendre la place qui leur est due. C'est aussi le cas des personnes non-blanches, des homosexuel.le.s, ou des personnes en situation de handicap. La non-représentation est une forme d’exclusion très dangereuse.

Danger n°1 étudier une moitié d’histoire

L’invisibilisation nous conduit d’abord à transmettre et recevoir une histoire incomplète. Ce faisant, plutôt que de partager des savoirs sur plusieurs générations, nous transmettons des stéréotypes. C’est un grand mensonge par omission ! Puisque les femmes ont longtemps été cantonnées à la sphère privée, qu’en est-il de cette histoire ? Cela voudrait dire que pour la deuxième moitié de l’humanité qui s'est dédiée à l’éducation des enfants, les soins, la tenue des foyers, la transmission des valeurs est manquante !

Pour comprendre l’histoire, il faut comprendre la société

Il est pourtant fondamental de comprendre le fonctionnement du foyer, les oppositions entre ceux qui possédaient des droits et celles qui n’en avaient pas, pour saisir l’évolution de nos sociétés ! Comment comprendre la situation de l’après-guerre en France si on ignore que c’est seulement en 1944 que le suffrage est véritablement devenu universel ? La recherche et l'archéologie commencent enfin à s'intéresser à des pans délaissés de l'histoire et cherchent à rattraper des siècles de retard... À cause de nos propres biais sexistes, nous avons donc perdu des témoignages précieux du passé.

JAMAIS UNE AUTRICE N'A ÉTÉ AU PROGRAMME DE LITTÉRATURE EN TERMINALE L

C'est l'objet de la pétition lancée en mai 2016 par une professeure de français d'un lycée du Val-de-Marne. Le constat avait déjà été fait, deux ans avant par une lycéenne, et en 2015 par Diglee, qui avait publié sur son blog une véritable déclaration d'amour aux femmes de lettres qui manquaient cruellement au programme.

« Nous aimerions que les grandes écrivaines comme Marguerite Duras, Madame de La Fayette, Annie Ernaux, Marguerite Yourcenar, Nathalie Sarraute, Simone de Beauvoir, George Sand, Louise Labé... soient aussi régulièrement un objet d'étude pour nos élèves " argumentait la pétition signée par plus de 20 000 personnes. Mince mais symbolique victoire : pour la première fois, le programme 2018 des terminales L inclut La Princesse de Montpensier, écrit en 1662 par Mme de Lafayette. »

(Extrait de la pétition, signée par plus de 20 000 personnes)

Danger n°2
oublier ce qui a été caché… et ce qui a été volé

De nombreuses femmes ont transgressé les limites qui leur étaient imposées, en usant parfois de subterfuges. Ainsi, les femmes ont toujours produit, écrit, peint, inventé. Certaines ont été contraintes de le faire en empruntant un nom d'homme. On pourrait alors se dire que si les femmes ont tant apporté, il devrait être impossible de les oublier. Elles ont forcément dû être moins douées que les hommes, pour être aujourd'hui si peu célébrées. C'est faux !

Des femmes qui prétendaient être des hommes

C'est le cas de George Sand, de son vrai nom Amantine Aurore Lucile Dupin, qui a écrit plus de 70 romans, ou des sœurs Brontë (Charlotte, Emily et Anne) qui ont chacune publié des livres (*Jane Eyre* et *Les Hauts de Hurlevent*, notamment), signés de prénoms masculins qui commençaient par la même lettre que le leur.

Qui a volé l'histoire des femmes ?

Certes, les génies féminins ont eu moins d'espace pour briller que leurs homologues masculins. C'est aussi parce que certains d'entre eux (pères, maris ou frères) se sont approprié leur savoir et leur talent.

L'effet Matilda

Grâce à l'historienne des sciences Margaret W. Rossiter, ce phénomène porte un nom pour les femmes scientifiques : l'effet Matilda. Cet « effet » renvoie au déni ou à la minimisation systématique de la contribution des chercheuses, dont les découvertes sont souvent attribuées à leurs collègues masculins. Son nom vient de la militante féministe américaine Matilda Joslyn Gage, qui fut la première à décrire ce phénomène à la fin du XIXe siècle.

Maria Anna Walburga Ignatia Mozart

Connaissez-vous Maria Anna Walburga Ignatia Mozart, **sœur du célèbre Amadeus** ? Surnommée Narnel, elle était l'enfant prodige de la famille avant que son frère n'occupe ce rôle. Si leur père a emmené durant quelques années les deux enfants pour exposer leurs talents de musicien.ne.s à travers l'Europe, il a ensuite décidé de privilégier Amadeus et même **d'interdire à Narnel de composer**, car écrire de la musique était indigne pour une femme... Les rares exemples de compositions par Maria Anna Mozart ont été retrouvés dans la correspondance qu'elle échangeait avec son frère.

On soupçonne même ce dernier de s'être inspiré des œuvres de sa sœur !

Rosalind Frankin

Dans un autre domaine, savez-vous qui a permis la découverte de la **structure à double hélice de l'ADN** ? On évoque souvent les travaux de James Dewey Watson et Francis Crick, alors que ces derniers avaient **volé les recherches** et résultats bien avancés de Rosalind Franklin. En effet, c'est elle qui la première avait eu l'idée d'utiliser une analyse de rayons X particulière (la diffractométrie) et les clichés obtenus via cette méthode pour analyser l'ADN.

C'est ce qui lui permit de découvrir que la structure de l'ADN était encore plus complexe que tout ce qu'on avait bien pu imaginer.

GERMAINE TILLION

ET GENEVIÈVE DE GAULLE

Aux grands hommes la patrie reconnaissante… Et les femmes alors ?

Plus encore que dans les livres d'histoire, la rareté des femmes au Panthéon est révélatrice.

Sur 78 personnes inhumées au Panthéon, on trouve 73 hommes et… 5 femmes.

Avant l'entrée de Simone Veil au Panthéon en 2018, ce sont Germaine Tillion (1907-2008) et Geneviève de Gaulle Anthonioz (1920-2002), deux résistantes de la Seconde Guerre mondiale, qui furent les dernières femmes admises. Toutes les deux ont initié et coordonné des actes de résistance et ont été récompensées pour des actes de bravoure allant de l'organisation de réseaux de fuite de soldats jusqu'à la publication de journaux clandestins.

Elles ont chèrement payé cet engagement par un internement au camp de Ravensbrück jusqu'en 1945.

Toute leur vie durant, elles continueront de s'engager pour faire vivre la mémoire de la résistance, des survivant.e.s de la déportation, et des valeurs humanistes qu'elles avaient chevillées au corps.

Danger n°3
si l'histoire se répète...

Il faut aller plus loin encore et réfléchir à l'impact qu'a l'histoire sur notre monde actuel. Les récits du passé sont aussi des valeurs et des exemples qui sont destinés aux générations actuelles.

Qu'il s'agisse de l'espace public ou de l'histoire, en effacer les personnages féminins empêche aujourd'hui les femmes et les filles de s'attacher à des modèles et d'être renforcées dans la conviction qu'elles peuvent accomplir de grandes choses. Mais alors, où sont les femmes qui ont compté dans notre histoire ? Surtout, comment peut-on bâtir notre avenir sans elles ? Les garçons et hommes savent, avec leurs références, que tous les projets, métiers et manières de vivre sont possibles.

Sans modèles de femmes biologistes, alpinistes, cheffes d'orchestre, ou même présidentes de la République, comment parvenir à ce que chaque fille et femme se sente confiante et légitime dans ses ambitions ? C'est un cercle vicieux qu'il faut briser en racontant l'histoire des femmes.

EFFACÉES DES LIVRES ET DES RUES

Sortons un peu des livres...
Pour aller dans la rue.

L'exemple de la toponymie (la science des noms des lieux), est un excellent indicateur de ce que notre société juge important, digne d'être célébré et transmis.

En France, 2 % des rues portent un nom de femmes.

En Île-de-France, sur 302 stations de métro, 1 seulement porte le nom d'une femme (Louise Michel) et 2 celui d'une femme et son mari (Pierre et Marie Curie, et Barbès-Rochechouart).

Effacer les femmes de nos mémoires collectives et individuelles permet aux stéréotypes de se perpétuer

Cela cantonne les femmes à l'espace domestique plutôt que de reconnaître leur importance dans la vie publique et l'histoire. Les responsables qui ne baptisent jamais de noms de femmes les amphithéâtres, les rues ou les gares contribuent à une moindre présence de celles-ci dans la « cité ».

Une campagne en ville

À l'été 2015, Osez le Féminisme ! lançait la campagne « Fémi-Cité » pour redonner une place dans la « cité » aux femmes qui ont compté dans l'histoire, mais que les noms de rues n'ont pas semblé bon d'honorer. Dans la nuit du 26 au 27 août 2015, 50 militantes ont recouvert les 70 plaques de rue que compte l'île de la Cité (en plein cœur de Paris) avec des noms de femmes illustres.

L'objectif ? Demander à la maire que les noms des rues de Paris comptent autant de femmes que d'hommes d'ici à 2019, et l'attribution d'un nom de femme à une grande place ou un grand bâtiment public de la ville. Plusieurs collectifs ont repris l'initiative, dans des villes comme Montpellier, Nantes, ou encore Istanbul !

QU'EST-CE QUE LE « MATRIMOINE » ?

On l'a compris, l'histoire ne peut pas et ne doit pas être l'apanage des hommes ! Il nous faut donc compléter notre patrimoine avec les récits et la transmission des femmes. C'est pour cela que le mot « matrimoine » a été inventé. Le matrimoine, en miroir au « patrimoine », c'est l'héritage de nos mères. Et par extension de toutes nos ancêtres. Nous sommes certain.e.s que les femmes ont existé au fil des siècles : évidemment qu'il n'y a pas eu de période sans femmes ! Les féministes ont donc adopté une démarche pour renouer avec ce fil perdu, pour redécouvrir l'histoire des femmes. Il s'agit à la fois d'écrire les expériences qui n'étaient jusqu'à présent pas contées, comme l'histoire domestique, mais aussi de réécrire l'histoire qui avait été détournée.

Réécrire l'histoire : scène de joie ou agression sexuelle ?

Prenons exemple sur *V-J Day in Times Square*, célèbre photographie d'Alfred Eisenstaedt ! Cette photographie a inspiré un autre artiste, John Seward Johnson, qui a créé une série de sculptures intitulée *Unconditional Surrender* (« capitulation sans condition »), dont l'une de 8 mètres a été inaugurée en 2014 devant le Mémorial de Caen. Le cliché comme la statue sont censé.e.s incarner la joie de la fin de la Seconde Guerre mondiale. Mais la situation représentée est en réalité une agression sexuelle. Dans son autobiographie *The Eye of Eisenstaedt*, le photographe écrit :

« J'ai remarqué un marin venant dans ma direction. Il attrapait toutes les femmes à sa portée et les embrassait, jeunes comme vieilles. Puis j'ai remarqué l'infirmière, debout dans cette immense foule. J'ai fait le point sur elle, et, comme je l'espérais le marin est arrivé, a attrapé l'infirmière, et s'est penché pour l'embrasser. »

Ce marin attrapait donc des femmes et leur imposait un baiser, sans leur consentement. Après l'installation de cette sculpture, une polémique est née sur la perpétuation de cette scène et de ce qu'elle symbolise : célébration ou agression ? Parce que l'histoire ne doit pas être figée mais toujours mieux expliquée, le musée du Mémorial de Caen a depuis décidé de parler de ces deux versions de l'histoire dans sa présentation de la sculpture, y compris sur la plaque qui l'accompagne ! Ce débat a également été l'occasion pour le musée de s'interroger sur la place faite aux femmes dans ses collections et expositions.

Ce que ne doit pas être le matrimoine

Rappeler la place des femmes, remettre l'histoire à l'endroit, voilà d'ambitieux objectifs pour le matrimoine. Il y aussi les mauvaises pistes, ce que ne doit pas être le matrimoine...

Les focus sur les femmes : une fausse bonne idée

On trouve dans certains manuels des dossiers ou des annexes faisant un focus sur les femmes dans une période ou pendant un épisode historique. C'est par exemple un dossier qui s'intitulerait : « Les femmes et la Révolution française. ». Pourquoi est-ce une fausse bonne idée ? Parce que personne ne penserait à écrire un chapitre intitulé : « Les hommes et la Révolution française » ! Bien sûr que les femmes ont participé à la Révolution. Elles ne sont pas qu'une « annexe » de l'histoire !

Il faudrait intégrer les femmes à chaque étape des analyses et des explications, sans focus ni encadré. Sans cela notre histoire continuera à considérer les femmes comme « particulières », comme des anomalies plutôt que comme des parties prenantes systématiquement présentes et représentées. Ne pas considérer les femmes comme des annexes de l'Histoire n'empêche pas d'aborder les combats qui leur sont spécifiques, comme la lutte pour le droit de vote ou le droit à l'avortement par exemple. C'est même fondamental pour rappeler que l'injustice du sexisme est analysée et dénoncée depuis longtemps !

Les outils modernes du matrimoine

Chacun.e peut donc faire des efforts pour redécouvrir notre matrimoine. En valorisant les femmes et leurs exploits, on enrichit nos connaissances, tout en donnant des modèles accessibles à toutes et tous.

Finalement, l'histoire des inégalités entre les femmes et les hommes est un outil très important pour faire progresser l'égalité de nos jours. Peut-être aurons-nous bientôt de véritables journées du patrimoine et du matrimoine, pour célébrer toute l'histoire et remercier celles comme ceux qui l'ont bâtie ?

Internet : un lieu de choix pour le matrimoine

Le matrimoine ne se défend pas que dans les manuels et dans les rues mais également sur Internet ! Fais le test et cherche « peintres célèbres », tu verras que les femmes peintres se comptent sur les doigts d'une main. Ce biais dans la représentation des femmes s'explique encore une fois par qui écrit les articles : ce sont à 90 % des hommes qui contribuent à Wikipédia !

Aujourd'hui, sur Wikipédia, les femmes représentent 15,6 % des articles sur des personnalités.

Source : Rémi Mathis, ancien président de Wikimédia France

Depuis quelques années, des initiatives, comme le collectif Les Sans PagEs, cherchent à rééquilibrer le tout, en permettant à des femmes de comprendre les codes et le fonctionnement de la contribution sur Wikipédia, et d'en profiter pour étoffer les biographies de femmes extraordinaires et les construire de manière non stéréotypée (non, Clara Schumann n'était pas que l'épouse d'un musicien mais était bien elle-même pianiste), voire les créer quand elles n'existent pas.

Et maintenant, que faire ?

→ **Prendre le réflexe de te demander**

« Où sont les femmes dans cette histoire ? »

→ **Aller**

à la bibliothèque **Marguerite Durand** à Paris, seule bibliothèque en France consacrée aux femmes et au féminisme

→ **Proposer**

de **baptiser** un bâtiment, une rue, ou une station de transports en commun **d'un nom de femme**

→ **Se lancer un défi**

lire autant d'autrices que d'auteurs.

→ Participer

à l'écriture ou la traduction des **articles** concernant les femmes célèbres sur **Wikipédia.**

→ + d'infos :

Laguidedevoyage.com
une communauté qui met les femmes au cœur du voyage. Un guide féministe de Paris existe désormais grâce à la fondatrice du site, Charlotte Soulary.

Campagne FémiCité pour rebaptiser les noms de rue :
Osez le Féminisme ! 2015
http://femicite.fr

Le collectif Les Sans PagEs pour améliorer et créer les biographies de femmes manquantes sur Wikipédia
fr.wikipedia.org/wiki/Projet:Les_sans_pagEs.

Découvrir le travail de collecte et de mise en valeur du matrimoine réalisé par l'association Les archives du féminisme
http://www.archivesdufeminisme.fr/

Consulter un livre qui propose une histoire véritable mixte :
La place des femmes dans l'histoire, Belin, 2010

POLITIQUE

POURQUOI N'Y A-T-IL JAMAIS EU DE FEMME PRÉSIDENTE DE LA RÉPUBLIQUE EN FRANCE ?

Politique, parité et pouvoir

INTRODUCTION

La politique, on en entend parler tous les jours mais on ne se rappelle pas toujours à quoi cela sert. Elle désigne le cadre général dans lequel une société ou une population est gérée par ses dirigeant.e.s. À tous les niveaux (communes, départements, régions ou à l'échelle du pays), des élu.e.s déterminent les orientations à prendre en matière d'action publique, qui doit contribuer aux dépenses publiques et à quelle hauteur, et à quelles priorités seront affectées les dépenses de l'État.

Les responsables politiques décident par exemple de la sélection ou non pour entrer à l'université, de la mise en place d'actions d'éducation à la sexualité à l'école, de financer (ou non) des places d'hébergement pour les femmes victimes de violences qui quittent leur domicile, de rembourser ou non la contraception, de légaliser ou interdire l'avortement, etc. Dans un système démocratique, les responsables politiques sont élu.e.s par les citoyens et les citoyennes pour les représenter dans les instances de décision telles que les collectivités locales ou l'Assemblée nationale. Si les femmes représentent 52 % de la population française, elles devraient donc logiquement représenter la majorité des élu.e.s, non ? Pas de bonne surprise : il n'en est rien. Si la loi ne les empêche plus de voter ni d'être élu.e.s depuis 70 ans, elles restent très minoritaires aux postes de pouvoir.

LE DROIT DE VOTER : LE FRUIT D'UNE LONGUE LUTTE FÉMINISTE

On a du mal à imaginer aujourd'hui que les femmes aient dû se battre pour avoir le droit de vote au même titre que les hommes. On nous a enseigné que l'instauration du « suffrage universel » en 1848, date de l'obtention « du droit de vote pour tous les citoyens ».

En 2018, la France compte seulement 16 % de femmes maires de communes et de villes.

Au rythme où ce pourcentage évolue depuis le début des années 2000, la parité ne sera atteinte qu'aux municipales de 2098...

Le « droit de vote pour tous les citoyens », vraiment ?

On oublie souvent que ce suffrage « universel » excluait les femmes (qui représentaient la majorité de la population), les militaires, le clergé et les habitant.e.s d'Algérie (qui était alors, sous la colonisation, un département français). Pourtant, à cette époque, des femmes et des hommes dénoncent déjà depuis longtemps cette injustice.

La Révolution française, qui prétendait abolir les privilèges, a complètement oublié les femmes. Un décret leur interdit même toute réunion publique et les rassemblements à plus de 5 dans la rue. Pas très pratique pour les manifestations !

OLYMPE DE GOUGES

est une militante infatigable. Pour le droit de vote des femmes, pour l'instauration du divorce, pour la création d'un mariage civil, pour l'abolition de l'esclavage et contre la colonisation.

Autrice de la Déclaration de la femme et de la citoyenne en 1791, elle dénonce la prétendue universalité de la Déclaration des droits de l'homme et du citoyen de 1789 qui proclame que « les hommes naissent et demeurent libres et égaux en droits ».

C'est de cet écrit qu'est tirée sa citation la plus célèbre : « Si la femme a le droit de monter à l'échafaud, elle doit avoir également celui de monter à la tribune. » Autrement dit : si les femmes sont guillotinées pour des raisons politiques, elles doivent pouvoir exercer des fonctions politiques et s'exprimer publiquement.

Ironie de l'histoire, Olympe de Gouges ne verra pas les femmes monter à la tribune, mais elle sera guillotinée pour son engagement politique.

Si cette exclusion des femmes peut nous sembler absurde aujourd'hui, il est intéressant de voir comment les hommes politiques la justifiaient.

PETIT FLORILÈGE

Nous sommes disposés à accorder aux femmes tout ce que leur sexe a le droit de demander, mais en dehors de la politique. Donner le droit de vote aux femmes, c'est l'aventure, le saut dans l'inconnu, et nous avons le devoir de ne pas nous précipiter dans cette aventure. Ayons le courage de rester nous-mêmes. Nous avons remonté d'autres courants que le féminisme.

Armand Calmel, sénateur de 1924 à 1940

Louis-Émile Morlot, député de 1896 à 1907

Elle oublierait fatalement ses devoirs de mère et ses devoirs d'épouse, si elle abandonnait le foyer pour courir à la tribune. Elle n'y apporterait pas d'ailleurs la modération de langage et la netteté des conceptions, qui sont indispensables dans les usages parlementaires.

Les mains des femmes sont-elles bien faites pour le pugilat de l'arène politique ? Plus que pour manier le bulletin de vote, les mains de femmes sont faites pour être baisées, baisées dévotement quand ce sont celles des mères, amoureusement quand ce sont celles des femmes et des fiancées : [...] séduire et être mère, c'est pour cela qu'est faite la femme.

Alexandre Bérard, vice-président du Sénat de 1919 à 1923

MERCI BIEN MESSIEURS.

Il est clair que ce qui se joue dans ces paroles renvoie surtout au rôle des femmes dans la société : à leurs capacités intellectuelles supposées inférieures à celles des hommes, à leur destin tout tracé au foyer et auprès des enfants, au fait qu'elles soient là pour « faire joli » plutôt que pour débattre et prendre des décisions.

Un combat long, mais un accès global à l'égalité de droit de vote

La lutte pour le droit de vote des femmes se déroule dans plusieurs pays simultanément, de la fin du XIXe siècle au milieu du XXe. Les Françaises devront attendre 1944 pour avoir le droit de vote et d'éligibilité, alors qu'elles mènent ce combat depuis des décennies. Elles voteront pour la première fois aux élections municipales du 20 avril 1945.

Depuis 2015 et le premier vote des femmes saoudiennes aux élections locales, les femmes peuvent officiellement voter dans tous les pays du monde.

Dans les faits, beaucoup en sont empêchées ou ne peuvent pas voter librement.

Les Suffragettes, un film hommage au combat des femmes anglaises

Réalisé par Sarah Gavron, le film *Les Suffragettes*, sorti en 2015, se déroule entre 1912 et 1913. Il raconte le combat des femmes anglaises, ouvrières et bourgeoises, unies autour d'un même objectif : obtenir le droit de vote. Puisque les manifestations pacifiques et les pétitions ne font pas bouger le gouvernement, elles décident de passer à des actions plus radicales (incendies, dégradations, grèves de la faim, etc.) et sont contraintes à la clandestinité. Ce n'est qu'en 1928 que les femmes britanniques pourront voter dans les mêmes conditions que les hommes.

ET AUJOURD'HUI, OÙ EN EST-ON ?

Après la conquête du droit de vote, les femmes se sont peu à peu imposées dans l'arène politique. Mais c'est loin d'être gagné ! L'accès des femmes au droit de vote, et en même temps au droit d'être élues, n'a pas entraîné une représentation égale des deux sexes dans les différentes assemblées françaises.

Parité

La parité est un outil visant le partage à égalité du pouvoir de représentation et de décision entre les femmes et les hommes.

Elle s'applique aussi bien dans le domaine politique qu'à la tête d'autres instances décisionnelles (conseils d'administration des universités ou des fédérations sportives, syndicats, etc.). La première loi française sur la parité en politique date de 2000.

Une conquête complexe vers le progrès

Une femme politique n'est pas forcément féministe

Il existe d'ailleurs des femmes politiques aux discours très rétrogrades concernant la place des femmes ou l'avortement ou qui s'opposent au mariage et à l'adoption par les couples de même sexe.

Il n'empêche que la parité est un objectif en soi : les femmes doivent pouvoir accéder aux responsabilités politiques au même titre que les hommes.

Car encore aujourd'hui, ce sont souvent des hommes qui décident du destin des femmes.

Des hommes qui décident à la place des femmes

Pour ne donner qu'un exemple, intéressons-nous à Donald Trump. Le lundi 23 janvier 2018, 3 jours après son élection comme président des États-Unis, Trump signe un décret qui réinstaure la « Global Gag Rule », ce qui veut dire que les États-Unis ne financeront plus les associations qui informent sur l'avortement et accompagnent les femmes qui souhaitent y avoir recours. La photo de ce moment est très symbolique et largement dénoncée sur les réseaux sociaux, partout dans le monde : on y voit 7 hommes blancs en costume-cravate regarder avec satisfaction leur président signant ce document qui entrave la liberté des femmes d'avoir un enfant quand elles le décident.

La parité est encore loin en politique

Les lois sur la parité ont permis de faire progresser la place des femmes. Selon le type d'élections, elles reposent principalement sur deux types de contraintes légales :

La contrainte stricte

Certaines listes de candidat.e.s ne seront pas validées si elles ne comprennent pas 50 % d'hommes et 50 % de femmes. C'est le cas pour l'élection des conseillers et conseillères élu.e.s dans les communes.

La contrainte incitative

Des pénalités financières sont prévues pour les partis qui ne présentent pas autant de femmes que d'hommes comme candidat.e.s : c'est le cas aux élections législatives pour l'élection des député.e.s.

Lors des élections législatives de juin 2017, certains partis politiques ont préféré perdre plus de 5 millions de subventions publiques plutôt que de désigner des femmes candidates.

Une « blague » a longtemps eu du succès dans le milieu politique : « Le féminin de député, c'est suppléante. »

Les lois sur la parité ne concernent pas que le milieu politique, on en retrouve des applications dans les milieux scolaires et universitaires ou encore dans les conseils d'administration des entreprises à partir d'un certain nombre de salarié.e.s.

Une lutte toujours actuelle

Cela fonctionne...

La mise en place de lois sur la parité a permis de faire progresser la part des femmes, notamment à l'Assemblée nationale. Depuis 2000, on observe une augmentation importante du nombre de femmes députées :

... Mais pas au plus haut niveau

Si l'évolution à l'Assemblée nationale est encourageante, c'est loin d'être le cas dans tous les domaines. D'ailleurs, si l'on regarde un peu les chiffres, on réalise très vite que l'égal accès des femmes et des hommes aux responsabilités politiques en France est loin d'être une réalité !

Enfin, rappelons que depuis 1958, la France a compté 8 présidents de la République, et aucune présidente de la République, ni présidente de l'Assemblée nationale, ni présidente du Sénat !

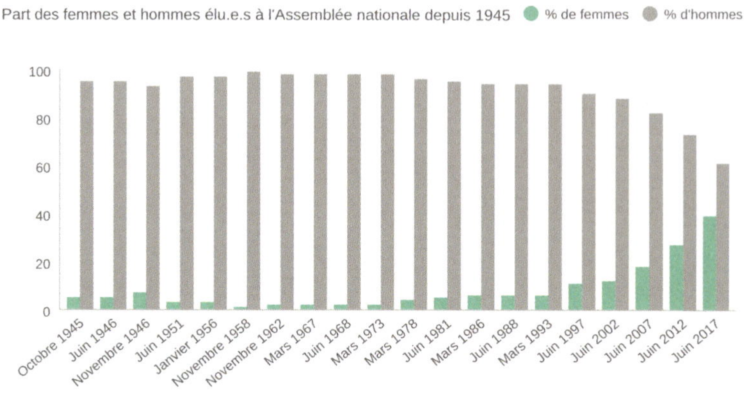

La contrainte : seul moyen de parvenir à changer le vieux monde

Que peut-on déduire de tous ces chiffres ? Qu'il n'y a que la mise en place de contraintes légales qui oblige les partis à désigner des femmes candidates. Et que quand la loi s'applique, ça fonctionne ! Sans contrainte, il y a toujours des prétextes pour les en écarter et leur préférer un homme.

L'évolution de la place des femmes en politique n'est donc pas « qu'une question de temps » et de patience : seule la loi a permis leur accession aux sphères du pouvoir !

Portrait type : Philippe ou Alain, 50 ans

Si les gens, notamment les jeunes, s'intéressent moins à la politique ces dernières années, c'est aussi peut-être parce qu'ils et elles ne se sentent pas représenté.e.s.

Quel est le profil type d'un.e député.e aujourd'hui ? Un homme, d'environ 50 ans, blanc, cadre ou exerçant une profession libérale, qui s'appelle Philippe. Au Sénat, la moyenne d'âge en 2018 y est de 61 ans et le top 3 des prénoms des sénateur.rice.s est le suivant : Alain, Michel et Philippe.

Au niveau national :

70,8 % d'hommes sénateurs (et donc 29,2 % de sénatrices)
61,3 % d'hommes députés (et 38,7 % de députées).

Au niveau régional :

Si la parité est quasiment atteinte parmi les conseiller.e.s (52 % d'hommes et 48 % de femmes), la présidence des conseils régionaux est masculine : 8 régions sur 10 sont dirigées par des hommes.

Au niveau départemental :

50 % d'hommes et 50 % de femmes... Mais 90 % d'hommes présidents.

Au niveau communal :

Parité parmi les conseiller.e.s... Et 84 % d'hommes maires !

(Source : Haut Conseil à l'Égalité entre les femmes et les hommes, 2017)

Si les femmes sont exclues, les classes populaires sont également peu visibles dans les sphères de pouvoir : la moitié des député.e.s sont cadres ou de profession libérale, alors que cette catégorie socio-professionnelle ne correspond qu'à 14,7 % de la population selon l'INSEE. Cela pose, plus largement, la question de la représentation de la population dans toute sa diversité en termes d'origines ethniques, sociales, culturelles, etc. On compte, en 2018, 35 député.e.s sur 577 issu.e.s de minorités dites visibles.

Les femmes accèdent de plus en plus aux sphères politiques, mais pas au plus niveau

Elles sont de plus en plus nombreuses à être conseillères municipales, départementales ou régionales, et à siéger sur les bancs de l'Assemblée et du Sénat.

Mais on a vu qu'à la tête de tous les lieux de décision, le pouvoir reste très largement entre les mains des hommes : il n'y a jamais eu de femme présidente de l'Assemblée nationale, ni présidente du Sénat. Pas facile de laisser sa place, on dirait !

« Premier ministre » ne s'est accordé qu'au masculin depuis 1958, à une exception près :

sur 23 Premiers ministres, on compte une seule femme, **Édith Cresson**. Elle est la première, et à ce jour la seule, à avoir accédé à la fonction de cheffe de gouvernement en France, en 1991.

Et son mandat ne dura que 10 mois.

DANS LE MONDE

15 pays ont une femme pour présidente ou Première ministre

En Europe

Theresa May, Première ministre du Royaume-Uni

Angela Merkel, Chancelière d'Allemagne

Kolinda Grabar-Kitarović, Présidente de la Croatie

Dalia Grybauskaité, Présidente de la République de Lituanie

Marie-Louise Coleiro Preca, présidente de la République de Malte

Erna Solberg, Première ministre de Norvège

Kersti Kaljulaid, Présidente de la République d'Estonie

Katrín Jakobsdóttir, Première ministre de la République d'Islande

En Afrique

Saara Kuugongelwa-Amadhila, Première ministre de Namibie, est aujourd'hui la seule femme qui dirige un pays sur tout le continent africain.

En Asie

Sheikh Hasina, Première ministre du Bangladesh

Bidhya Devi Bhandari, Présidente de la République du Népal

En Océanie

Hilda Heine, Présidente des îles Marshall

Mia Mottley, Première ministre de la Barbade

Jacinda Ardern, Première ministre de Nouvelle-Zélande

En Amérique

Sur les **35 pays** que compte le continent, **seule la République de Trinité-et-Tobago** est dirigée par une femme : **Paula-Mae Weekes,** qui en est la présidente depuis le 19 janvier 2018

Les femmes politiques dans les médias

Tu as peut-être déjà remarqué la manière dont sont présentées les femmes politiques dans les médias et les questions qui leur sont posées spécifiquement à elles, mais jamais aux hommes.

Beaucoup observées, mais moins écoutées

Les commentaires sur leur tenue, leur physique, leur coiffure sont très courants, alors qu'il est rare de voir un article de presse commenter la couleur du costume d'un homme politique ou son décolleté plongeant.

Mères avant tout

On demande aussi souvent aux femmes comment elles arrivent à conjuguer leur vie de famille et leurs engagements politiques. Pose-t-on ces questions aux hommes ? Non.

Et le plus souvent, dépourvues de nom de famille

Autre particularité : on appelle (trop) souvent les femmes politiques par leur prénom. Peu importe qu'elle soit maire, députée, ministre, etc. : on parle de « Ségolène, Najat, Rachida, Marlène,... », mais jamais de « Emmanuel, Nicolas, Édouard,... ».

LA POLITIQUE : UN UNIVERS FAIT PAR ET POUR LES HOMMES

Comment expliquer que les femmes soient si peu nombreuses en politique ? Longtemps les hommes ont occupé, seuls, l'ensemble des responsabilités politiques. Les quelques femmes présentes dans les assemblées étaient leurs assistantes ou leurs compagnes (ou les deux à fois).

L'arrivée des femmes dans ce cercle très fermé n'est donc pas une mince affaire et celles-ci font face à de nombreux obstacles, qui en découragent certaines.

Elles doivent être parfaites sur tous les plans et ne pas négliger leur vie de famille, être ambitieuses mais pas trop, être belles mais sans excès non plus.

La politique est un environnement sexiste qui **décourage les femmes**

Le sexisme n'est évidemment pas propre à la politique. Mais dans un milieu où les femmes sont minoritaires et où la vision du pouvoir est encore calquée sur des stéréotypes très virilistes (pour réussir, il faut écraser tout le monde), il est particulièrement compliqué pour les femmes de s'y faire une place. Sifflées jusqu'au sein de l'Assemblée nationale en raison de leur tenue, systématiquement interrompues dans les débats télévisés ou en réunion, décrédibilisées, moquées, les femmes doivent se battre deux fois plus pour asseoir leur crédibilité. Le sexisme en politique est véritablement un moyen, pour beaucoup d'hommes, de montrer aux femmes qu'elles n'y sont pas à leur place.

MORCEAUX CHOISIS

BARBIE FAIT DE LA POLITIQUE, J'Y AI EU DROIT.

Barbara Pompili, députée La République En Marche et ancienne secrétaire d'État à la Biodiversité

Roselyne Bachelot, ancienne ministre de la Santé

EN POLITIQUE, ON SE DEMANDE TOUJOURS SI LES FEMMES, POUR RÉUSSIR, ONT COUCHÉ AVEC QUELQU'UN… ET AVEC QUI PRÉCISÉMENT.

C'EST PAS INTÉRESSANT CE QU'ELLE RACONTE, MAIS AU MOINS ELLE EST JOLIE À REGARDER.

Commentaire de collègues de Chantal Jouanno, ex-sénatrice UDI et ancienne secrétaire d'État à l'Écologie

L'affaire Baupin et la dénonciation du sexisme en politique

Fin 2016, éclate ce que l'on appelle « L'affaire Baupin » : des femmes témoignent avoir été harcelées ou agressées sexuellement par Denis Baupin, député du parti politique Europe Écologie Les Verts (EELV). À leur suite, de nombreuses femmes – militantes, élues, journalistes politiques – vont raconter le sexisme dont elles ont été victimes dans le milieu politique. Osez le Féminisme ! et d'autres associations féministes appellent à la démission des responsables politiques qui ont été dénoncés.

Chair collaboratrice : un Tumblr pour parler des abus

Des collaboratrices, qui travaillent auprès d'hommes et de femmes politiques, créent aussi le **Tumblr Chair collaboratrice, illustré par la dessinatrice Emma**, pour témoigner, anonymement, des remarques sexistes et du harcèlement sexuel qu'elles subissent au quotidien.

La politique demande du temps

Or, du temps, en général les femmes n'en ont pas.

Parce qu'elles sont encore trop souvent responsables des tâches ménagères et familiales, elles peuvent moins facilement que les hommes participer à des réunions qui s'éternisent jusque tard le soir, parcourir des kilomètres le week-end pour assister à des événements, réunions et inaugurations qui sont le lot des élu.e.s politiques. S'il est déjà compliqué pour elles d'articuler vie professionnelle et vie familiale, ajouter à cet emploi du temps un engagement politique ou militant relève du casse-tête chinois.

Dans l'attente d'un équilibre favorable à la société

Repenser l'organisation de la vie politique d'aujourd'hui et mieux répartir les tâches domestiques pourrait permettre, demain, à plus de femmes de s'y impliquer, mais aussi à des hommes de s'impliquer davantage dans leur vie familiale.

La femme serait vraiment l'égale de l'homme le jour où, à un poste important, on désignerait une femme incompétente.

(Françoise Giroud, journaliste, écrivaine et femme politique)

Être élu.e cela veut dire se mettre en avant, et être mis.e en avant

Ancien président de la République, Jacques Chirac le disait lui-même : « Le monde politique est une jungle. » Et cette jungle est encore très calquée sur un modèle qui ne reconnaît de l'autorité et de l'ambition qu'aux hommes. Il faut être « un homme d'État », avoir de la poigne, si ce n'est « avoir des couilles ».

Un problème d'éducation

L'éducation des petites filles ne les encourage ni à se mettre en avant dans un groupe, ni à viser le haut de l'échelle. Les femmes prennent moins souvent la parole, sont davantage interrompues et s'expriment le plus souvent sur les sujets sur lesquels elles se sentent parfaitement légitimes. Elles ne sont pas « nées » comme ça, la société machiste les a encouragées à se faire discrètes et leur a enseigné que les hommes sont de meilleurs dirigeants.

Ne serait-il pas temps d'entrer dans le XXIe siècle et d'envisager la politique et le pouvoir autrement ?

Et maintenant, que faire ?

→ **Regarder**

La loi
téléfilm retraçant la genèse du vote de la loi sur l'IVG en 1974.

→ **Dévorer**

les 3 saisons de la série danoise
Borgen, une femme au pouvoir, centrée autour de l'héroïne
Birgitte Nyborg, Première ministre.

→ **Aller voir**

le Tumblr « **Chair collaboratrice** »
des témoignages du sexisme présent en politique,
illustrés par la dessinatrice Emma
chaircollaboratrice.com

ACTION !!!...
Attendez...
Rappelez-moi le RAPPORT entre le yaourt aux fruits et mon maillot de bain ?!...

POURQUOI Y A-T-IL DES FEMMES NUES PARTOUT ?

L'image des femmes, de la pub au cinéma

INTRODUCTION

Les contes de fées ont toujours été un bon indice des messages qu'une société veut faire passer à ses enfants. Si on réfléchit bien aux histoires qui nous ont été contées, souvent les princesses sont belles, alors que les héros sont courageux. Ça manque d'ailleurs d'héroïnes, tout ça.

Faire en sorte que les femmes se concentrent sur leur apparence crée un système de valeurs très différent de celui des hommes, où les qualités « passives » sont valorisées plutôt que les initiatives, la représentation plutôt que l'action. Les femmes sont alors enfermées dans des préoccupations liées à leur image.

« Miroir, miroir, qui est la plus belle ? »

La beauté, selon certains schémas traditionnels devrait être la principale motivation des femmes, celle qui crée les jalousies des méchantes belles-mères, qui conduit le prince à choisir une jeune femme plutôt qu'une autre, mais aussi un souci permanent qui nourrit la mode, l'industrie de la beauté, les vendeurs de régime etc.

Les femmes, des poupées sexy ?

Après la beauté, suit invariablement la séduction, ou plutôt la sexualisation. Nous sommes chaque jour confronté.e.s à une représentation des femmes comme objets de désir ; cela passe beaucoup par la nudité des femmes, permanente et injustifiée. On cite souvent la publicité pour illustrer la sexualisation des femmes car c'est fait de manière tellement outrageante que ça devient flagrant. Mais même dans des milieux plus artistiques, où les femmes jouent de véritables rôles, comme au cinéma, il nous reste du chemin à parcourir pour que l'image des femmes corresponde à une réalité, voire présente un progrès !

L'IMAGE DES FEMMES POUR VENDRE : LE PUBLISEXISME

La pub est partout, et les femmes sont partout dans la pub

Quel est le point commun entre :

- Une publicité pour un parfum de femmes
- Une publicité pour une voiture de sport
- Une publicité pour un yaourt

Bingo! Dans chacune de ces publicités, on peut trouver des femmes dénudées ! Et ça n'est pas une blague. Nous sommes en fait entouré.e.s à la fois de publicités et de machisme et cela favorise un système qui repose sur une logique à la fois marchande et sexiste : le publisexisme.

Dans la publicité, 1 femme sur 10 est montrée dans une tenue « sexualisante ».

Au total, les femmes sont 6 fois plus sexualisées, par leur tenue, leur absence de vêtements ou leur attitude que les hommes.

En revanche, même dans les pubs, les hommes ont 3 fois plus de temps de dialogue que les femmes !

Source : Gender Bias in Advertising, 2017

Le sexisme dans la publicité : comment et pourquoi ?

Les grands classiques des pubs sexistes

Certaines choses sont évidentes et d'autres beaucoup moins. Il faut un peu s'entraîner pour décrypter tous les signes du publisexisme, mais voici quelques exemples :

- Nudité utilisée pour vendre des produits (y compris ceux n'ayant aucun rapport avec le corps !) ;
- Hypersexualisation du corps des femmes, évoquant des positions sexuelles pour « valoriser » un objet, un aliment ou un vêtement par exemple ;
- Humiliation, domination, atteinte à la dignité (eh oui, certaines publicités représentent même des violences contre les femmes !) ;
- Stéréotypes sexistes : les femmes et les filles sont toujours enfermées dans les mêmes rôles (la « super maman », la ménagère, etc.).

Le pire, c'est que cette liste n'est pas exhaustive ! On peut aussi y inclure des éléments liés au cadrage de l'image : on coupe bien souvent le corps des femmes pour ne montrer qu'un membre, une tête sans corps (ou un corps sans tête), etc.

Régulièrement, les publicités comportent également des clichés racistes : c'est la double peine pour les femmes noires qui, encore aujourd'hui, sont parfois représentées avec des caractéristiques évoquant des

Publisexisme

Ce terme militant vise à faire comprendre à quel point la publicité repose sur les clichés sexistes, en utilisant une iconographie pleine de stéréotypes.

Le publisexisme pointe aussi comment la publicité et ses enjeux commerciaux ont un impact sur les représentations que les femmes ont d'elles-mêmes.

animaux (de la jungle, tant qu'à faire). Cette animalisation est un dénigrement particulièrement vicieux.

Pourquoi tant de sexisme dans les publicités ?

Alors que de nombreuses associations agissent pour que la publicité cesse de promouvoir les inégalités et les violences, il n'est cependant pas facile de changer le monde du marketing.

Déjà, parce que les publicités ont longtemps été pensées par et pour les hommes : détenteurs du pouvoir économique, c'est eux que l'on devait convaincre de dépenser leur argent.

Comment les publicités, pensées pour les hommes, peuvent-elles avoir un tel impact sur les femmes ?

Si les femmes ne sont pas uniquement utilisées comme objets de désir pour les produits destinés aux hommes (par exemple, on met en scène des femmes nues pour vendre des montres d'hommes), leur usage dans les publicités pour femmes s'appuie sur un autre ressort sexiste : les femmes n'existeraient qu'à travers le regard des hommes.

La valeur d'une femme se mesurerait ainsi à sa capacité à plaire.

Et cela présente aussi une vision du monde uniquement fondée sur l'hétérosexualité : une vision « hétéronormée », excluant la possibilité du désir homosexuel.

La publicité étant conçue au sein de notre société, elle montre donc tous ses défauts et en est un triste reflet.

Les messages envoyés aux femmes

Le publisexisme est un réel frein à l'égalité non seulement car il reproduit le sexisme, mais aussi parce qu'il impose aux femmes certains messages.

Tu seras ménagère et mince, ma fille

Si l'on en croit la publicité, peu de femmes rêvent de devenir astronautes ou cheffes d'entreprises. En revanche, elles seraient nombreuses à vouloir consacrer leur vie au repassage ou à manger de la salade.

Ton frère, c'est pas pareil, c'est un garçon

Les représentations des femmes et des hommes dans la publicité entretiennent également des modèles sociaux qui enferment les filles et les garçons dans des fonctions sexistes : comment expliquer à un petit garçon que, plus tard, lui aussi devra faire le ménage, alors que les publicités pour produits ménagers mettent uniquement des femmes en scène ?

Tu ne feras pas trop de bruit

Pour les petites filles, la publicité fait germer dans leur imaginaire, dès le plus jeune âge, la vision d'une femme réduite à un objet, qui ne parle et n'agit pas. Dans certaines publicités, les femmes sont littéralement utilisées comme des meubles ! Voilà qui n'aide pas vraiment à se projeter comme une personne libre et puissante.

Et pour finir, tu seras à la disposition des hommes

La sexualisation dans la publicité renforce la dangereuse idée de disponibilité sexuelle des femmes et des filles. Voilà le terrain sur lequel pourra ensuite se développer « la culture du viol ».

Si l'on en croit les images dépeintes par la publicité, les destins des femmes sont très limités : ménagère, objet, et séduction... Ce sont des injonctions, qui appellent les femmes à s'y conformer. Le publisexisme exerce une pression sur les femmes pour qu'elles répondent à l'exigence de plaire : épilation, minceur, jeunesse, maquillage, hétérosexualité. Ces messages ne sont donc pas seulement réducteurs : ils sont dangereux.

Les dangers du publisexisme

Derrière les images véhiculées par le publisexisme, il y a des choses très réelles.

Pour les femmes mises en scène

Les actrices ou les mannequins qui apparaissent dans ces publicités peuvent voir leur image détournée, sont harcelées, ou subissent encore un contrôle très fort sur leur corps de la part des agents et publicistes, qui peuvent aller jusqu'à leur faire signer un contrat où elles s'engagent à garder le même poids. Certaines doivent même prendre une assurance sur certaines parties de leur corps !

Pour le public

Les messages publicitaires ne sont pas non plus sans effets sur le public, qu'il s'agisse de la glamourisation des violences, comme dans certains clichés de mode, ou des injonctions à la maigreur. Comment être à la fois la mère de famille radieuse des publicités pour la lessive, la femme d'affaires efficace des publicités pour téléphones, la femme-objet des pubs pour parfum, la sportive accomplie des pubs pour les baskets ?

Ces injonctions sont d'autant plus malsaines qu'elles sont contradictoires. Les filles et les femmes se trouvent alors complexées et frustrées par rapport à des clichés irréels. C'est également une pression économique qui pèse sur les femmes. Les industries de la mode, des cosmétiques ou de la minceur l'ont bien compris.

Il ne s'agit pas de juger les femmes qui souhaitent être belles ou se sentir bien dans leur peau… Mais on peut s'interroger sur la responsabilité de celles et ceux qui abreuvent les filles et les femmes d'objectifs souvent inatteignables.

L'explosion de la chirurgie esthétique est sûrement un indice des effets de la publicité : 17 millions de femmes dans le monde y ont eu recours en 2014, contre 3 millions d'hommes.

Source : Le rapport de La Société Internationale de Chirurgie Esthétique et Plastique (ISAPS) en 2014

4 mai 2017 : le « décret Photoshop »

« Décret n° 2017-738 du 4 mai 2017 ».

C'est grâce à lui que, depuis le 4 mai 2017, les images retouchées à des fins commerciales doivent être identifiées clairement.

Concrètement, quand l'image d'un.e mannequin est modifiée par logiciel dans une publicité (cheveux coupés, changement de couleur de peau, rides masquées, certaines formes augmentées, d'autres diminuées, etc.), cela doit être explicité par la mention « Photographie retouchée ».

Dans quel but ? Nous rappeler que les publicités ne sont pas réalistes !

Voilà qui devrait nous aider à prendre du recul et ne pas essayer de ressembler à des images qui n'ont pas de vraie existence.

Ce décret a notamment été adopté pour lutter contre les troubles alimentaires, la surexposition de corps maigris artificiellement étant une pression insoutenable pour beaucoup de jeunes filles et garçons.

LE FÉMINISME DEVIENT TENDANCE

En dehors du publisexisme, certaines publicités évoquent aujourd'hui les femmes de manière beaucoup plus positive.

Un nouveau filon marketing

Depuis quelques années, on peut voir des publicités qui se veulent féministes – ou qui, du moins, se qualifient comme telles. Il peut s'agir de publicités pour des serviettes et tampons qui remettent en cause les clichés sur les filles, ou qui ont même le courage (!) de montrer des tests d'efficacité avec un liquide rouge sang au lieu du liquide bleu aseptisé utilisé depuis des décennies dans les spots télé. Certaines publicités valorisent aussi un mouvement d'acceptation des corps – de tous les corps –, sans retouche ni artifice.

Un intérêt commercial

Pourquoi ces changements ? Cela peut être par conviction mais il y a aussi, sûrement, un intérêt commercial à cela : le féminisme ferait vendre !

Aujourd'hui, porter un message d'égalité améliore l'image d'une entreprise, et les progrès du féminisme dans la société n'en font plus un gros mot ou une insulte, mais une tendance. Le féminisme serait à la mode ! C'est ainsi qu'on trouve dans les grandes chaînes d'habillement des t-shirts qui affichent fièrement l'inscription « Féministe ! ». Une seule certitude : si les marchés de la mode et de la beauté représentent plusieurs milliards d'euros dans le monde, les femmes n'en sont pas les premières bénéficiaires !

La mode n'est vraiment pas l'amie des femmes

Tous ces magasins sont loin de garantir des conditions salariales convenables à leurs salarié.e.s en boutique ou aux ouvrières qui fabriquent les vêtements à l'étranger.

Les coulisses de la mode sont loin d'être au niveau du féminisme qu'affichent les enseignes sur leurs vêtements. On appelle ça le « feminist-washing ».

Le feminist-washing est une forme de récupération politique et/ou marchande qui consiste à passer à la lessiveuse féministe une marque ou une entreprise pour lui donner une image de respect des droits des femmes.

La démarche n'est pas très honnête mais parfois très efficace.

Avant d'acheter un produit qui s'autoproclame « féministe », n'hésitons pas à vérifier les conditions dans lequelles il a été fabriqué !

ROSIE LA RIVETEUSE

Première femme forte en pub

Ce poster a été créé en 1942 par l'artiste J. Howard Miller. En pleine Seconde Guerre mondiale, il s'agissait de soutenir l'effort de guerre en valorisant les femmes qui travaillaient dans les usines.

Le monde (re)découvre régulièrement lors des conflits que les femmes peuvent très bien remplacer les hommes dans l'économie et que, peut-être, le confinement au foyer n'est qu'un choix politique et pas une fatalité.

En montrant une femme forte et volontaire, cette image participe à la lente évolution de l'iconographie féminine : les femmes peuvent être musclées, ne pas toujours sourire, porter des vêtements « masculins » ou « neutres » comme une chemise en jean.

Il y a du progrès !

Sous les efforts conjugués des mouvements féministes et de quelques villes, la situation s'améliore petit à petit en Europe.

Depuis mars 2017, la fin des discriminations publicitaires à Paris.

On peut notamment saluer une initiative de la mairie de Paris, qui, depuis mars 2017, prévoit que l'entreprise d'affichage publicitaire de la ville s'engage à s'assurer qu'aucune publicité à caractère sexiste ou discriminatoire ne puisse être diffusée sur le réseau municipal d'affichage.

Ainsi, les entreprises doivent « éviter toute publicité qui utilise des stéréotypes sexistes, lesbophobes et/ou homophobes, ainsi que des représentations dégradantes, dévalorisantes, déshumanisantes et vexatoires des femmes et des hommes » ou « cautionnant toute forme de discrimination fondée sur l'origine ethnique, l'origine nationale, la religion, le sexe ou l'âge ou portant atteinte à la dignité humaine ».

Ailleurs en Europe, Londres applique cette restriction pour les publicités dans le métro.

LES FEMMES, ENFIN ACTRICES !

Heureusement que les femmes ne sont pas uniquement visibles dans la publicité. Elles apparaissent aussi dans la littérature, en bandes dessinées, au théâtre, sur petit et grand écran. Passer d'objet à véritable sujet d'une histoire… En voilà une évolution qui va dans le bon sens !

Quand les femmes ne sont plus objets, ni mêmes spectatrices, mais enfin actrices ! Là aussi, la route a été longue avant d'obtenir le droit même de jouer sur scène. Savais-tu que dans les premiers temps du théâtre moderne, les femmes ne pouvaient pas être comédiennes ? On considérait alors que seules les prostituées pouvaient jouer un rôle… Être actrice signifiait forcément être une « fille de mauvaise vie ».

C'étaient donc des hommes travestis qui jouaient les rôles des femmes. Si les choses ont bien évolué, même sous les feux des projecteurs, sur les planches ou à Hollywood, la parité ou l'égalité ne sont pas encore acquises.

Où sont les femmes ?
Le test Bechdel-Wallace

On finit parfois un livre ou une série en se demandant où sont passées les femmes de leur univers.

Alison Bechdel et Liz Wallace ont créé un test. Il est décrit pour la première fois en 1985 dans une série de BD intitulée *Lesbiennes à suivre* et est depuis utilisé pour analyser la place accordée aux femmes dans les films.

Les 3 questions du test de Bechdel-Wallace

CONNAÎT-ON DEUX PERSONNAGES FÉMININS PAR LEUR NOM ?

EST-CE QUE CES FEMMES PARLENT ENTRE ELLES ?

PARLENT-ELLES D'AUTRE CHOSE QUE D'UN HOMME ?

Ces trois questions paraissent simples, mais elles aident à décrypter l'importance des personnages de femmes ou de filles, à vérifier qu'elles existent en dehors du regard masculin, et qu'elles participent à l'intrigue autrement que par un jeu de séduction, d'amitié ou de lien familial avec un homme. Le tri est assez draconien, mais le test ne permet pas pour autant de décréter qu'une œuvre est dénuée de sexisme ou de stéréotypes genrés.

Il suffit de faire le test : de nombreuses sagas telles que *Harry Potter*, *Le Seigneur des Anneaux* ou *Star Wars* échouent lamentablement

Le sexisme conduit à la médiocrité…

Les biais identifiés grâce au test de Bechdel-Wallace mettent aussi en lumière le manque de créativité des scénaristes. Franchement, qu'il s'agisse de la publicité ou du cinéma, fonder toutes les histoires sur des stéréotypes, c'est le degré zéro de la créativité !

Aucune originalité, reproduction des mêmes figures en permanence, peu de lien avec la réalité, etc. Le sexisme qui a colonisé les imaginaires nuit à la qualité des œuvres.

Mais tout cela progresse, car certaines personnes retroussent leurs manches pour écrire des scénarios où les femmes ont toute leur place.

SHONDA RIMES

Il y beaucoup de choses à écrire concernant des séries comme *Grey's Anatomy*, *How to get away with murder?* ou encore *Scandal*.

D'abord, elles ont toutes connu un énorme succès.

Ce succès s'explique en partie par la diversité des personnages : il est facile de s'attacher à des figures de femmes fortes et indépendantes, de tous les âges, de toutes les sexualités, de toutes les couleurs de peau, de toutes les tailles et poids.

En effet, les stéréotypes ont la vie dure sous la plume de Shonda Rimes. Car c'est elle, la génie à l'œuvre derrière ces grandes réussites télévisuelles. Comme quoi on peut faire de grandes histoires avec de grandes héroïnes !

L'égalité au-delà des représentations

Les femmes créatrices, premier pas vers l'égalité

Shonda Rimes, comme d'autres avec elles, montrent une solution importante pour évoluer vers un monde plus égalitaire : faire en sorte que les femmes puissent aussi être des créatrices.

Non pas que les œuvres des femmes soient automatiquement féministes, mais qui de mieux pour évoquer la vie des filles et des femmes que les premières concernées ?

Des violences à éradiquer pour vraiment avancer

Pourtant, les difficultés sont nombreuses pour les femmes dans le monde du cinéma ou du spectacle : artistes harcelées et victimes de violences sexuelles dans le cadre de leur travail, réalisatrices moins bien payées que leurs collègues réalisateurs, productrices peu prises au sérieux… Comment pourrions-nous souhaiter des créations plus représentatives si les processus de créations demeurent sexistes ?

L'égalité ne sera pas atteinte uniquement par une meilleure représentation des femmes sur les écrans. Si les symboles ont leur importance, c'est bien la réalité qu'il faut changer.

ÊTRE FEMMES PLUTÔT QU'IMAGES

Pour répondre à la question « Pourquoi y a-t-il des femmes nues partout ? », on a beaucoup parlé de l'image des femmes.

Cette image est trop souvent stéréotypée, réductrice et instrumentalisée. Plus encore, « l'image des femmes » est déjà un concept pour le moins étrange... D'ailleurs on parle beaucoup moins souvent de l'image des hommes. Pourtant eux aussi sont soumis à des contraintes et des injonctions, celles de la masculinité.

C'est la construction du genre qui fait peser sur les deux sexes la pression de se conformer à la norme.

Pourquoi une telle importance de l'image ?

La féminité, cet ensemble de caractéristiques qui correspondraient à celles d'une « vraie » femme, se fonde beaucoup sur l'apparence et la représentation plutôt que sur l'action. C'est ainsi que l'image des femmes est devenue aussi centrale.

Des femmes sans pression de conformisme, est-ce possible ?

Mais pourrait-on imaginer des « fausses » femmes ? Des femmes débarrassées de toutes ces pressions esthétiques, physiques ou encore sexuelles ? Des femmes, tout simplement, enfin libres et tranquilles !

Il serait alors difficile de parler d'image des femmes car toutes les femmes auraient le choix, la possibilité d'être aussi différentes les unes des autres. D'être reconnues en tant que personnes plutôt que d'être immédiatement rangées dans la case d'une supposée « féminité » impliquant tel et tel comportement, tels et tels qualités et défauts.

Il y a finalement autant d'images que de femmes. Chaque fille ou femme doit pouvoir construire sa propre personnalité, sans être enfermée dans un carcan.

Être des génies et pas uniquement des muses

La philosophe Geneviève Fraisse décortique la « traditionnelle répartition entre la muse et le génie ».

Pour elle, dans notre société encore patriarcale, les rôles sont répartis entre les femmes (les muses) et les hommes (les génies). Alors que les femmes sont dans l'apparence et permettent ainsi d'inspirer ces messieurs, ce sont eux qui possèderaient les génies politiques ou créatifs.

Sortir de cette séparation, s'émanciper de l'unique préoccupation de l'image, c'est autoriser les femmes à prouver, qu'elles aussi, peuvent être des génies ! Pour cela, il faut des conditions de vie correctes, l'accès à l'éducation, le financement de la création, plus d'égalité, bref, une bonne dose de féminisme !

« Il manquait à celles qui étaient douées pour affirmer leur génie de quoi vivre, du temps et une chambre à soi. »

(Virginia Woolf , *Une chambre à soi*)

Et maintenant, que faire ?

→ Zapper !

Changer de chaîne, de vidéos, voire sortir de la salle de cinéma… Si une scène ou le traitement d'une fille ou d'une femme à l'image te dérange, **n'hésite pas à arrêter**.

→ Apprécier

des **œuvres écrites et/ou jouées par des femmes**. Il y a des centaines de films, de séries et de livres qui mériteraient d'être plus connus !

→ Dresser

une **liste de personnages de femmes** que tu apprécies, la partager puis la comparer avec celles de tes ami.e.s et proches. Vous pourrez ainsi faire de belles découvertes.

→ Signaler

les **contenus sexistes** que tu rencontres à la télé ou dans la pub, y compris en ligne. Plusieurs instances sont chargées de ce contrôle mais les citoyen.ne.s ont leur rôle à jouer ! **Osez le Féminisme !** propose des formulaires sur son site pour déposer des signalements efficaces.

→ Lire

Beauté fatale : Les nouveaux visages d'une aliénation féminine, de Mona Chollet (Zones, 2012), aborde les injonctions incessantes faites aux femmes

Commando Culotte, de Mirion Malle (Ankama éditions, 2016), est une exploration en BD de l'image des femmes dans les médias et la pop culture : cinéma, séries, jeux vidéos… tout y passe !

→ S'informer

Le site du **test de Bechdel-Wallace**, où des centaines de films ont été soumis au test (en anglais) :
bechdeltest.com

Les Chiennes de Garde est une association féministe créée en 1999 et spécialisée dans le décryptage et la dénonciation des publicités sexistes. Aujourd'hui, leur action s'est élargie à toutes les problématiques liées à l'image des femmes

Le site du **Conseil supérieur de l'audiovisuel (CSA)** permet de mieux comprendre les règles qui régissent les médias télé et radios, y compris en matière d'égalité femmes-hommes !
www.csa.fr

Le **Jury de déontologie publicitaire (JDP)** permet de signaler en ligne des pubs sexistes
www.jdp-pub.org.

Heuuu... redis-moi en quoi tu es déguisée ?!...

AMOUR, DÉSIR, SEXE : TOUT PAREIL ?

Être bien au lit

INTRODUCTION

Le couple, le désir, la sexualité, l'amour… Voilà de quoi avoir des « papillons dans le ventre » et le sourire aux lèvres pendant des heures ! Mais aussi, parfois, de quoi nous prendre carrément la tête.

Sur ces sujets, le féminisme a encore beaucoup à dire. Car les relations amoureuses et le sexe ne sont pas épargnés par les inégalités et le sexisme… bien au contraire ! La société est machiste, les représentations de la sexualité et du couple aussi. Il est donc très important de passer ta relation au radar du féminisme. La sexualité doit être positive, heureuse, jouissive ! Si ce n'est pas le cas, si tu te sens obligé.e à quoi que ce soit, si c'est douloureux, ce n'est plus de la sexualité, mais de la violence.

Alors parlons plaisir, désir et sexualité, parce que l'égalité passe aussi par le lit.

Les premières relations amoureuses et sexuelles… on entend tout et n'importe quoi au sujet des premières relations amoureuses et/ou sexuelles. Est-ce que c'est normal si je n'en ai pas envie ? Ou au contraire, si j'en ai tout le temps envie ? Est-ce que je serai à la hauteur ? Rahhhhh que de questions ! On se désespère d'être le dernier ou la dernière à ne jamais avoir été en couple, on en parle jour et nuit avec ses potes.

Pour aimer et faire l'amour en toute liberté, déconstruisons ensemble quelques idées reçues.

4 IDÉES REÇUES SUR LES RELATIONS AMOUREUSES

1 « S'il est jaloux, c'est parce qu'il t'aime »

NON, la jalousie n'est pas une marque d'amour : c'est une violence.

Tu as certainement déjà ressenti de la tristesse ou de la colère après avoir vu ton copain ou ta copine (ou ton crush) draguer ou embrasser une autre personne.

Ce sentiment est assez commun parce qu'on baigne dans une société qui nous apprend que l'autre doit nous appartenir. Mais la jalousie peut parfois tourner au contrôle et la volonté qu'il ou elle se plie à nos règles.

Même dans les films, les histoires d'amours représentées utilisent ces clichés sans les dénoncer

Dans *Twilight*, Edward est tout le temps en train de contrôler ce que fait Bella. Dans *50 Nuances de Grey*, Christian apparaît constamment sans prévenir, quand Anastasia est au travail, dans la rue, limite sous sa douche ! Ça s'appelle traquer et harceler quelqu'un.e. Il la pousse à des pratiques sexuelles dont elle n'a pas envie, espérant qu'elle tombe amoureuse de lui pour qu'elle ne puisse plus dire non.

La jalousie est un sentiment qui naît de la peur de perdre l'autre.

Souvent, ce sentiment vient d'un manque de confiance en soi menant à penser que l'autre peut trouver mieux ailleurs, ou encore d'un manque de confiance en l'autre où on le croit capable de nous faire du mal. Cela se traduit par une volonté de posséder et de contrôler l'autre, ses sorties, ses ami.e.s, ses conversations.

Chacun.e a le droit d'avoir sa vie à soi, sans entrave

L'amour, c'est être en équipe, s'aider mutuellement, être au même niveau. Ce n'est pas une histoire de domination ou de contrôle. Quand tu es avec celui ou celle que tu aimes, vous avez le droit de ne pas être d'accord sur tout, mais le respect doit être réciproque : tu peux dire si tu as l'impression qu'on t'enferme ou qu'on te met la pression pour faire quelque chose que tu ne souhaites pas faire.

Si certaines de ces situations font écho à ce que tu vis, il est peut-être temps d'en parler à quelqu'un.e pour trouver une solution.

Tu peux aussi :

- **contacter l'association En avant toute(s) sur leur tchat en ligne ;**
- **appeler le 3919, un numéro gratuit où tu pourras poser toutes tes questions et parler de ton couple.**

Nous vivons dans un monde où les femmes sont en grande majorité victimes de violences commises par des hommes (voir chapitre 8).

Tu peux bien évidemment en finir avec cette relation toxique, car supporter ça n'est pas « normal ».

TU AS L'IMPRESSION D'ÉTOUFFER ?

Voici quelques signes d'un comportement anormal de la part de ton ou ta partenaire :

Il ou elle lit tes textos, tes messages sur Messenger, Insta ou Snap ;

•

Il ou elle t'empêche de faire les choses que tu veux (comme passer du temps avec tes ami.e.s ou ta famille, faire du sport, etc.) ;

•

Il ou elle ne te croit jamais et te fait une scène dès que tu parles à quelqu'un.e d'autre ;

•

Il ou elle te fait sans cesse des remarques sur ton style ou contrôle comment tu t'habilles ;

•

Tu as parfois peur de la façon dont il ou elle va agir ou réagir ;

•

Tu essaies de faire tout ce qu'il faut pour éviter de provoquer des conflits ou des crises de colère de sa part ;

•

Tu penses que la relation pourrait s'améliorer seulement si tu changeais quelque chose à propos de toi-même ;

•

Tu restes avec lui ou elle parce que tu as peur de sa réaction si tu rompais.

ÇA N'EST PAS DE L'AMOUR, C'EST DE LA VIOLENCE !

❷ « Un couple, c'est une fille et un garçon »

Ah bon ? Première nouvelle !

Ça, c'est le schéma que nous présentent les contes, les chansons et les films qui se terminent par « ils vécurent heureux et eurent beaucoup d'enfants ». Le couple hétérosexuel est une norme dans laquelle la société voudrait nous caser, mais qui exclut plein de monde.

Le couple et la sexualité ouvrent bien plus de possibilités, heureusement. D'abord, parce qu'au cours de la vie, on peut être attiré.e par des filles, puis par des garçons. Et vice-versa.

La pression dès l'enfance

Dès l'enfance, notre entourage laisse peu de place à la possibilité d'une relation gay, bie ou lesbienne. « Alors t'as un amoureux à l'école ? », « C'est quand que tu nous présentes une copine ? » et pour certain.e.s, ça continue à l'âge adulte, donnant envie de fuir les repas de famille ! Résultat, c'est trop souvent le grand tabou (voir chapitre 9).

Des clichés aux effets bien réels

Si une fille est attirée par d'autres filles, c'est qu'elle n'aurait pas rencontré « le bon » ? Au secours, les clichés ! Ils ne sont pas sans conséquence : selon l'enquête 2015 de l'association SOS homophobie, 60 % des lesbiennes ont été victimes de lesbophobie au cours des deux dernières années et 1 lesbienne sur 5 déclare ne jamais manifester d'affection à sa partenaire en public.

#Au secours, les clichés !

3 « Une fille qui enchaîne les mecs, elle se respecte pas »

Tu as déjà sûrement remarqué que les hommes – ados ou adultes – qui accumulent les « conquêtes » (comme si les femmes étaient des trophées !), sont valorisés : cela fait d'eux des « beaux gosses », des « Don Juan »...

Une fille qui fait exactement la même chose, qui va avoir plusieurs copains dans l'année ou qui va draguer ouvertement... c'est une « salope ». Les femmes ne se feraient-elles pas un peu avoir dans cette histoire ?

Le « slut shaming »

Et puis, quel rapport avec le respect ? Cette tendance à diviser les filles « bien » de celles qui « ne se respectent pas », c'est ce qu'on appelle le *slut shaming* ou « stigmatisation des salopes » qui est au cœur du sexisme.

Le « slut shaming » consiste à rabaisser ou culpabiliser une femme à cause de son comportement sexuel et/ou amoureux, réel ou supposé (pratiques, nombre de partenaires, vêtements jugés « trop sexy », etc.).

C'est par exemple ton pote qui raconte que cette fille est une « salope » parce qu'elle l'a dragué, ou parce qu'elle a envoyé un « nude » à un autre, alors même qu'il est plutôt courant que les mecs envoient une photo de leur sexe sans qu'on leur ait rien demandé. C'est aussi cet autre qui raconte qu'une fille est une allumeuse, parce qu'après qu'ils se soient tournés autour, elle n'a pas voulu coucher avec lui.

Bref, les filles sont toujours « trop » ou « pas assez ». Et, quoi qu'elles fassent, disent ou pensent, elles sont toujours fautives : c'est la « culture du viol » (voir chapitre 3).

Entre filles aussi

D'ailleurs, ces insultes ne viennent pas que des garçons, et les femmes peuvent aussi être très dures entre elles. Parce qu'on nous a appris à nous détester et à être en concurrence face au désir des hommes.

Mais alors c'est quoi, « se respecter » ?

Se respecter, c'est choisir la vie et les relations amoureuses ou sexuelles dont on a envie, rien d'autre, et rien qui ne puisse être jugé par les autres !

Aucune femme n'est une salope, quel que soit son comportement. Il n'y a donc pas d'histoire de « respect » ici, mais du sexisme : on tolère et trouve acceptables des choses différentes pour les femmes et les hommes. La première étape, c'est d'en prendre conscience et de refuser de s'y conformer.

❹ « Un jour mon prince viendra »

Comme détaillé dans le chapitre 2, cette légende du prince charmant reproduit toujours le même schéma : la princesse est en danger et sans défense, le prince arrive pour la sauver. Ce syndrome de la « demoiselle en détresse » est présent partout (dans les livres, dans les films d'horreur et d'aventures, les séries, les jeux vidéo, les dessins animés Disney).

Les femmes attendent les hommes, vraiment ?

Cette idée reçue de la fille qui attend son « prince », « son homme », ou « le mec idéal » – peu importe comment on l'appelle aujourd'hui – se traduit aussi dans la vie amoureuse par des rôles attribués aux filles et aux garçons.

Au stade de la rencontre, ce serait aux garçons d'aborder les filles : à eux de faire le premier pas, à eux de séduire, de prendre l'initiative du premier baiser ou de la première relation sexuelle. Franchement, on en est encore là ? Les filles n'ont pas à espérer patiemment qu'on leur propose une danse, un verre, un resto.

Tout ceci construit un imaginaire selon lequel le seul et unique but des femmes dans la vie serait de trouver « le bon » et de consacrer beaucoup de temps et d'énergie à l'attendre. Une femme ne pourrait-elle pas s'épanouir sans homme à ses côtés ? Ni faire le premier pas ?

« La liberté d'une femme passe d'abord et nécessairement par la maîtrise absolue de son corps dans le sexe et dans la procréation. »

(Andrea Dworkin, essayiste féministe états-unienne)

4 IDÉES REÇUES SUR LA SEXUALITÉ

❶ « Les mecs ont toujours plus envie que les meufs »

Celle-ci va souvent de pair avec une autre idée reçue : les mecs auraient « besoin » de faire l'amour sinon leurs testicules deviendraient bleues ou pourraient exploser. Alors non, rassurons-nous, cela est absolument faux. Les testicules ne peuvent pas exploser si un mec est trop excité ou si une relation sexuelle se termine sans qu'il ait éjaculé.

Les hommes savent se contrôler

Les garçons sont des êtres humains avec un cerveau, une conscience et savent très bien se contrôler. On peut donc avoir un désir sexuel très fort et savoir s'arrêter parce que la personne désirée n'a pas envie, ou n'a plus envie alors que vous aviez commencé à vous chauffer. L'excitation, l'envie de coucher avec l'autre n'empêche pas de réfléchir ni de respecter l'autre.

Les femmes aussi, même quand elles ont très envie

Cette idée suppose aussi que les femmes n'auraient ni désir, ni envie, ni plaisir… Alors que si, bien évidemment ! Elles aussi peuvent être très excitées et vouloir faire l'amour, là tout de suite. Mais personne, quel que soit son degré d'excitation, ne peut ni ne doit imposer quoi que ce soit, sinon c'est du viol.

❷ « Quand une femme perd sa virginité, ça fait mal »

Ouch, double idée reçue : déjà, c'est quoi la « virginité » ? Et ça veut dire quoi « la perdre » ? On entend souvent la perte de la virginité comme la rupture de l'hymen des femmes lors de la première pénétration.

La virginité est en fait une invention pour contrôler la sexualité des filles et des femmes

Sacraliser la virginité vise à s'assurer que les femmes n'auront de relations sexuelles qu'avec l'homme avec qui elles se marieront.

Selon l'anthropologue féministe Françoise Héritier, depuis les temps les plus anciens, les hommes ont cherché à contrôler le corps des femmes, pour maîtriser leur capacité à enfanter en particulier. Le rôle de l'épouse était double : être disponible sexuellement pour son époux (qu'elle ait envie de faire l'amour ou pas) ; et lui « donner » des enfants (et surtout des fils pour assurer la descendance de la lignée).

C'est de cette tradition patriarcale de service sexuel et reproductif que vient la virginité, imposée aux femmes avant le mariage pour s'assurer de leur « pureté ». Se pose-t-on la question de la « virginité » des hommes au mariage ? Non, ils sont au contraire encouragés à multiplier les expériences pour être « prêts » le jour J.

L'hymen, pour les femmes qui en ont, est une membrane très fine, qui ne ferme pas complètement le vagin et s'étire.

Cette conception de la « virginité » est complètement absurde

Certaines filles n'ont pas d'hymen, soit parce qu'elles sont nées sans, soit parce que certaines activités sportives ou ludiques (gymnastique, équitation), ou bien des protections hygiéniques (tampons ou cup) l'ont fait s'écarter, se déchirer. Ça arrive et ce n'est pas grave.

« Perdre sa virginité » ne veut rien dire

L'entrée dans la sexualité est progressive, ce n'est pas une fois, un rite de passage.

Et surtout, ça ne dépend pas uniquement de l'instant précis où un garçon pénètre le vagin d'une fille avec son pénis. La sexualité, c'est beaucoup plus varié : caresses avec les mains, la bouche, le corps, toute seule ou avec une autre personne, fille ou garçon. La première fois, c'est la première fois où on a du plaisir, de l'émoi.

Finalement, on ne « perd » rien mais on peut gagner de l'intimité avec soi-même ou avec quelqu'un.e, de la confiance en soi, et de l'expérience : on découvre son corps, on gagne du plaisir.

Non, ce n'est pas normal que ça fasse mal !

D'après la légende, ce qui causerait des douleurs lors de la première pénétration serait le « déchirement » de l'hymen.

Si une fille saigne ou éprouve de la douleur lors d'une première pénétration, ce n'est pas à cause de l'hymen : c'est plutôt parce qu'elle n'en a pas vraiment envie, ou que le garçon est brutal.

On ne devrait pas avoir mal. Ni pour la « première fois, » ni pour la première pénétration, ni après. On ne devrait jamais avoir mal. Si on a mal, on a le droit de dire qu'on veut changer de position, en parler avec son ou sa partenaire, et arrêter, à n'importe quel moment.

On dit souvent que les femmes doivent « se décontracter » pour ne pas avoir mal.

Mais si tu n'es pas détendue, ce n'est pas ta faute : c'est qu'il y a une raison. Peut-être que tu en as super envie mais que vous êtes super stressé.e.s tous les deux et que vous ne savez pas comment faire. Ou bien tu ne sens pas bien parce que tu n'en as pas vraiment envie. Tu as tout à fait le droit de ne pas en avoir envie et ceux et celles qui te disent le contraire ont tort. C'est la question du désir qui est importante. Et le sexe ne doit pas forcément passer par la pénétration !

3 « Pour être bonne au lit, il faut regarder du porno »

C'est quoi « être bonne au lit » ? Qui utilise cette expression ? Et pour dire quoi ?

Le plaisir des femmes est important !

Pour commencer, quand on se demande si les filles sont « bonnes au lit » ou pas, on se pose peu la question de leur plaisir. Distinguer les filles selon qu'elles sont « bonnes au lit » ou pas, c'est se placer du point de vue des hommes, et des bonnes notes qu'ils leur attribuent.

Pourtant, la sexualité n'est ni un sport, ni une interro ! Personne n'a rien à prouver.

Des injonctions qui viennent aussi des magazines féminins

Trop souvent, les filles sont encouragées, voire forcées, à pratiquer les 100 positions du kama-sutra pour être des « reines du sexe ». En ont-elles envie ? Cela leur apporte-t-il du plaisir ? Les pressions sont très fortes pour faire ce qu'on attend d'elles, ce que leur demandent les garçons. Même les magazines destinés aux femmes nous expliquent que « la fellation est le ciment du couple » (au secours !) ou compilent des conseils pour « savoir lui faire plaisir ».

Cette injonction vient notamment de la suprématie associée au plaisir des hommes et à l'idée que les femmes devraient toujours être disponibles pour satisfaire leurs envies. Elle est aussi entretenue par la pornographie, qui fait office d'éducation à la sexualité pour beaucoup aujourd'hui.

La pornographie met en scène des violences faites aux femmes

Facilement accessibles sur le web, les images pornographiques sont visionnées par un public de plus en plus jeune, bien souvent avant la première expérience sexuelle à deux. Mais quelle est l'image de la sexualité que la pornographie donne à voir ?

Ces images et les mises en scène promeuvent l'idée d'un désir irrépressible masculin et d'une disponibilité sexuelle féminine. Elles montrent des rapports sexuels, souvent violents, centrés sur la pénétration de femmes par des hommes. La pornographie montre une sexualité centrée sur la performance, avec des rapports sexuels qui durent très longtemps, des corps modifiés par la chirurgie esthétique, des sexes entièrement épilés, des positions impossibles à reproduire. Rien de très réaliste.

Surtout, les images pornographiques érotisent la violence sexuelle, c'est-à-dire qu'elles visent à rendre « sexy » des scènes de violences, avec parfois des femmes qui sont humiliées, giflées, ou violées par plusieurs hommes. La pornographie « glamourise » des actes extrêmes, que les filles et les femmes se sentent ensuite obligées de reproduire pour être « bonnes au lit ».

La pornographie est un marché

L'industrie pornographique est un marché où l'on classe les femmes comme des animaux selon leur âge, leur couleur de peau, l'épilation de leur sexe, les pratiques à l'image. Pour leur grande majorité, ce sont des femmes qui sont souvent dans des situations de galère familiale, de précarité, d'isolement et qui sont approchées pour, prétendument, gagner beaucoup d'argent. C'est une industrie qui profite de leur vulnérabilité, reproduit des stéréotypes racistes et sexistes, et dégage plus de 100 milliards de dollars de profits chaque année. Cet argent revient principalement à des hommes.

C'est aussi parce qu'on ne parle pas de la sexualité des jeunes, que les ressources n'existent pas, que l'éducation à la sexualité n'est pas mise en place, que le porno apparait comme une solution pour « voir comment il faut faire ».

Être « bien au lit », plutôt que « bonne au lit »

La vraie question n'est pas de savoir si tu es « bonne au lit » mais si tu es « bien au lit » (enfin, où tu veux) avec quelqu'un.e. Est-ce que tu es heureuse d'être là, est-ce que tu te sens complètement à l'aise ?

Tu as tout à fait le droit d'avoir du désir aujourd'hui et pas demain, de ne pas vouloir les mêmes choses chaque jour, de ne pas avoir les mêmes envies que ton partenaire, ni que ces envies aient lieu au même moment que lui ou elle.

On est là pour se faire plaisir !

On n'est en aucun cas là pour être performant.e.s et pour pratiquer des positions, des actes, des choses parce qu'on les a vus dans un porno ou que quelqu'un.e le demande.

Le plaisir, c'est aussi à deux que ça se construit, en apprenant à l'autre ce qui nous fait kiffer et en écoutant ses envies. Les filles (hétéros ou bies) disent d'un mec que c'est un « bon coup » non pas parce que son sexe mesure 20 cm ou qu'il sait faire 50 positions, mais bien parce qu'il est attentif aux envies de sa partenaire et à son plaisir.

C'est à deux qu'on devient un « bon coup » et qu'on est bien au lit. Ça peut prendre du temps, et c'est dans le partage et la confiance que ça se construit.

❹ « La sexualité et le plaisir des filles, c'est compliqué ! »

Dire que c'est compliqué ou que c'est dans la tête, c'est bien pratique. Et c'est qu'on a pas beaucoup cherché.

Le pouvoir des femmes : le clitoris !

Les filles et les femmes ont la chance d'avoir un organe uniquement dédié au plaisir : le clitoris !

Tu n'en avais jamais entendu parler ? Rassure-toi, tu n'es pas la.le seul.e.

Le clitoris est un organe super puissant : il mesure de 11 à 17 cm de long (souvent plus que le pénis !) et possède plus de 8 000 terminaisons nerveuses, ce qui procure aux femmes des sensations très intenses. Pour comparaison, le gland du pénis n'en a que 6 000 ! C'est un organe à la fois interne et externe qui entoure le vagin, qui a, lui, très peu de terminaisons nerveuses.

1 fille de 15 ans sur 4 ne sait pas qu'elle a un clitoris !

Source : Haut Conseil à l'Égalité entre les femmes et les hommes

C'est la pression exercée par les doigts de la femme elle-même, ceux de son ou sa partenaire, ou encore par le pénis de son copain qui stimule la partie interne ou externe du clitoris, qui va lui procurer du plaisir. Il n'existe donc pas de plaisir vaginal suscité par les va et vient du pénis. Le plaisir et la jouissance sont clitoridiens !

Osez le clito !

Si l'on connaît encore mal le clitoris, c'est peut-être parce que le plaisir et la jouissance des femmes font peur !

Jusqu'au XIXe siècle, on a cru que la jouissance des femmes facilitait la fécondation. Une fois que cette théorie a été démontée, l'Église catholique a vu dans le clitoris (et donc dans la masturbation) un moyen de plaisir au sein du couple sans lien avec la reproduction. Avoir du plaisir sexuel juste pour le plaisir, sans chercher avoir des enfants : quel scandale !

Le clitoris a disparu des manuels d'anatomie, et est devenu complètement tabou.

Ces dernières années, les choses bougent un peu :

- Osez le Féminisme ! a lancé la campagne « Osez le clito ! » en 2011 qui en a secoué plus d'un.e ;
- Plusieurs livres sont publiés chaque année sur le sujet ;
- On a vu pour la première fois un clitoris en 3D réalisé à taille réelle par la sociologue Odile Fillod ;
- Le manuel de SVT des éditions Magnard représente désormais correctement le sexe des femmes depuis la rentrée 2017. Dans tous les autres, le clitoris n'existe pas !

Les filles ne se masturberaient pas ? Bien sûr que si !

La masturbation, c'est se faire plaisir en stimulant différentes parties de son corps : les seins, le creux de la nuque, les cuisses, le ventre, la vulve (petites lèvres, grandes lèvres, clitoris, vagin)... On est toutes différentes, on peut toutes aimer des caresses différentes !

La masturbation, ce serait « un truc de mec » ? Pas du tout ! Beaucoup de filles et de femmes se masturbent et il n'y a aucune honte à avoir. Ce ne doit pas être un tabou, même si c'est un acte intime.

C'est un moyen de relâcher une pression ou une tension en libérant des hormones de plaisir dans le cerveau, celles qui calment le stress et donnent une sensation de bien-être.

C'est surtout un moyen très sûr de découvrir son corps et ses envies, d'apprendre à s'écouter. Des caresses sur le corps et le clitoris aux jeux avec le jet de douche ou un coussin, il y a mille façons de faire ! Aimer prendre du plaisir, c'est normal ! Savoir ce qui te plaît et connaître les zones de ton corps qui sont sensibles, c'est la meilleure façon de te permettre, quand tu te sentiras prête et si tu en as envie, d'avoir des échanges sexuels vraiment épanouissants avec un.e partenaire. Mieux connaître son corps permet de mieux cerner son propre plaisir et mieux guider son ou sa partenaire.

Ton plaisir compte, car la relation sexuelle est un échange entre deux personnes. Le plaisir de ton ou ta partenaire n'est pas plus important que le tien. Tu n'as donc pas à privilégier son plaisir au détriment du tien.

L'excision : mutiler les femmes pour leur interdire le plaisir

Le désir et la jouissance des femmes sont perçus comme dangereux car potentiellement émancipateurs.

Les mutilations génitales comme l'excision s'appuient sur cette volonté de refuser l'accès au plaisir sexuel pour les femmes.

En plus d'empêcher tout plaisir sexuel aux femmes qui ont été mutilées, l'excision peut avoir des conséquences psychologiques et physiques très graves.

L'excision
est une mutilation du corps des femmes qui désigne toutes les interventions incluant l'ablation partielle ou totale des organes sexuels externes de la femme ou autre lésion des organes sexuels féminins.

La forme la plus courante de mutilation sexuelle est l'ablation du clitoris externe, accompagné parfois de l'ablation des grandes ou petites lèvres.

On compte aujourd'hui plus de 200 millions de femmes excisées dans le monde, et 60 000 femmes en France.

Source : Excision parlons-en !

Comment s'appelle le sexe des femmes ?

On parle souvent du pénis (et on en voit dessinés partout, des tables de cours aux murs des toilettes), mais quand il s'agit de dessiner le sexe des femmes et de le nommer, beaucoup sèchent.

Eh bien son nom, c'est la vulve !

Souvent représentée comme une « fente » sans poil et dont rien ne dépasse, la vulve est pourtant bien plus que ça ! Elle est composée des petites et grandes lèvres, du clitoris externe, de la sortie du vagin et du pubis. Il en existe de toutes formes et de toutes tailles : des grandes, des petites, des roses, des marrons, avec des lèvres de même taille ou asymétriques.

Toutes les vulves sont différentes et si tu trouves que la tienne est « bizarre » dis-toi que l'artiste britannique Jamie McCartney a moulé 400 vulves pour montrer leur diversité. Elle a appelé son œuvre « La Grande Muraille du vagin ». Pas de raison de complexer !

POUR UNE SEXUALITÉ SANS PRISE DE TÊTE

Pour que la sexualité ne soit que du plaisir, il faut avoir toutes les informations nécessaires.

Se protéger des infections

Pour ne pas attraper une quelconque infection transmissible désagréable voire grave, la seule option est le préservatif pour toute pénétration, et la digue dentaire (carré de latex) pour les cunnilingus.

Pour qu'une grossesse ne survienne pas, c'est à toi et toi seule de décider quel moyen de contraception te convient le mieux.

La contraception : on a le choix

Longtemps, la sexualité a été entravée par la peur de tomber enceinte et l'impératif de « faire attention ».

Aujourd'hui, en France, grâce aux combats des féministes, la contraception est légale et remboursée sous certaines conditions.

On parle souvent de la pilule comme s'il n'y avait pas d'autres choix en matière de contraception, surtout quand on est jeune. Pourtant, il en existe plein, et c'est à toi de voir, une fois que tu as eu toutes les informations que tu souhaites, laquelle correspond le mieux à ton mode de vie, à ton corps et à tes envies.

Tu peux t'adresser à un.e médecin, un.e sage-femme ou dans un centre du Planning familial de façon anonyme, pour demander un moyen de contraception (certaines pilules contraceptives, implants, dispositifs intra-utérins et diaphragme), sans avoir à avancer les frais. C'est ce qu'on appelle le « tiers payant ».

Tu y as accès sans devoir en parler ni demander l'autorisation à tes parents.

Les moyens de contraception les plus courants :

LA PILULE

L'IMPLANT

LE PATCH

LE DISPOSITIF INTRA-UTÉRIN (qu'on appelle à tort « stérilet » car il ne rend pas stérile !) : tu peux tout à fait en demander un, même si tu n'as jamais eu d'enfant

L'ANNEAU VAGINAL

Premier rendez-vous chez le gynéco : l'angoisse ?

Pour les filles, les premières relations sexuelles riment souvent avec premier rendez-vous gynéco. C'est une consultation particulière car on y aborde la sexualité, on pose les questions qui nous préoccupent et on est parfois amenée à être examinée, à demie voire entièrement nue. Cette consultation – pour ta première contraception ou simplement pour poser des questions (règles, puberté, douleurs pendant les rapports, questions que tu te poses sur ton anatomie,...) – peut être assurée par un.e sage-femme, un.e médecin généraliste ou un.e gynécologue. L'examen vaginal (même pour une demande de contraception) ou des seins n'est absolument pas obligatoire ! On a toujours le droit de refuser. Aucun geste ne peut être pratiqué sans avoir recueilli ton consentement préalable. La consultation gynécologique doit être un moment durant lequel tu te sens libre de poser tes questions, où l'on te donne toutes les informations dont tu as besoin. Mais, au final, c'est toi qui choisis.

La pilule du lendemain

Un préservatif qui craque, une pilule oubliée ou pas de contraception : il y a risque de grossesse. Dans les 3 à 5 jours, il est possible d'avoir recours à une contraception d'urgence, aussi appelée « pilule du lendemain ». Plus elle est prise tôt (dans les heures qui suivent le rapport sexuel), plus elle est efficace. Elle peut être obtenue sans ordonnance à l'infirmerie scolaire, au centre de planification ou à la pharmacie et elle est gratuite pour les mineures (et la.le pharmacien.ne n'a pas le droit de te demander ta carte d'identité ou ta carte vitale). Elle ne protège pas contre les infections sexuellement transmissibles, il vaut donc mieux aussi que toi et ton partenaire fassiez des tests.

L'avortement : une victoire féministe, un droit pour toutes les femmes

L'avortement n'est pas un drame et 1 femme sur 3 y a recours. Ça arrive, c'est normal. Parce que vous ne vous êtes pas protégé.e.s, parce que ta contraception n'a pas fonctionné, parce que tu t'es trompée dans sa prise. En moyenne, une femme qui prend la pilule devra en consommer 8 000 au cours de sa vie : c'est logique d'en oublier parfois !

Beaucoup d'idées reçues entourent encore l'avortement et il est important de remettre les choses à l'endroit :

Oui, on peut « bien le vivre » si on ne veut pas d'enfant et si le choix d'avorter est le nôtre. Personne n'a le droit d'essayer de t'en dissuader : ni ton copain, ni tes parents, ni un.e médecin. C'est toi qui décides.

Non, on ne risque pas la stérilité.

1975
Entrée en vigueur de la loi sur l'IVG

Dans la lignée du Mouvement de libération des femmes et des revendications portées par les féministes de pouvoir « jouir sans entraves », comme le disait leur hymne (voir chapitre 1), la loi sur l'interruption volontaire de grossesse (IVG) est adoptée le 20 décembre 1974. La légalisation entre en vigueur en janvier 1975. C'est l'aboutissement de longs débats et d'attaques parfois très violentes contre la ministre de la Santé de l'époque, Simone Veil.

Depuis 2016, tous les examens et toutes les consultations liées à l'avortement sont gratuites (qu'il s'agisse d'une IVG médicamenteuse ou instrumentale) et pour toutes les femmes, mineures et majeures.

IVG médicamenteuse / IVG instrumentale : quelle différence ?

L'IVG médicamenteuse

Elle se pratique jusqu'à la fin de la 5e semaine de grossesse, c'est-à-dire au maximum 7 semaines après le début des dernières règles. L'IVG médicamenteuse peut se pratiquer à domicile, sans hospitalisation, par l'intermédiaire d'un.e médecin ou d'un.e sage-femme. Elle consiste à prendre deux comprimés différents, à 24 ou 48 heures d'intervalle, puis à vérifier que la grossesse est bien interrompue lors d'une visite de contrôle. Cette méthode ne nécessite ni anesthésie, ni intervention chirurgicale.

L'IVG instrumentale

Aussi appelée « par aspiration », elle peut être pratiquée jusqu'à la fin de la 12e semaine de grossesse, soit 14 semaines après le début des dernières règles ; elle est pratiquée en établissement de santé et par un.e médecin. Sous anesthésie locale ou générale.

Il n'y a donc pas une sexualité mais des sexualités

Il n'y a pas un plaisir mais des plaisirs. Ce qui importe, c'est d'apprendre à se connaître, à découvrir son corps et ses envies, à faire ce que l'on aime. Et il est aussi possible de ne pas avoir envie.

Rien ni personne ne doit nous dire ce que nous devons faire ou aimer en matière de sexualité. Ta sexualité t'appartient, à toi et à toi seul.e. Bref, n'écoute que toi !

SIMONE VEIL

Tu as peut-être entendu parler de « la loi Veil » ou de Simone Veil. C'est en effet une des personnalités politiques préférées des Français.e.s.

Simone Jacob, de son nom de naissance, est issue d'une famille juive et sera déportée à 16 ans dans le camp de concentration d'Auschwitz.

Elle devient ministre de la Santé en 1974 (c'est la seule femme ministre du gouvernement de Valéry Giscard d'Estaing), et réussit à faire adopter la loi relative à l'interruption volontaire de grossesse (IVG), grâce évidemment à la mobilisation, en parallèle, des associations féministes.

Figure emblématique du combat des femmes, elle a été pionnière à plusieurs postes de haut niveau : première femme secrétaire du Conseil supérieur de la magistrature (CSM), première femme présidente du premier Parlement européen élue au suffrage universel (1979), première femme ministre d'État (1993).

Un an après son décès, elle est la 5e femme à être entrée au Panthéon en 2018.

Et maintenant, que faire ?

→ **Appeler le Planning familial au 0800 08 11 11** : un numéro d'information gratuit sur toutes les questions de sexualité, contraception et avortement. Il existe 1 500 centres du Planning familial où tu peux demander des conseils et une contraception : www.planning-familial.org

→ Trouver un.e médecin, un.e sage-femme, un.e gynécologue : le site collaboratif **Gyn & co** recense des soignant.e.s pratiquant des actes gynécologiques avec une approche plutôt féministe. Il y en a certainement un ou une près de chez toi ! https://gynandco.wordpress.com

→ Aller sur le tchat d'**En avant toute(s)** Poses-y tes questions sur ta relation de couple : https://enavanttoutes.fr

→ S'informer et s'entourer

L'association **CONTACT** accompagne les personnes homosexuel.le.s (lesbiennes et gays), bisexuel.le.s et transsexuel.le.s quand le dialogue est compliqué avec leurs proches, lutte contre l'homophobie et la lesbophobie (agression, discriminations), et participe à la prévention du suicide et du sida : www.asso-contact.org

Toutes les informations relatives à l'**avortement** sont disponibles sur le site https://ivg.gouv.fr

Le guide La Première Consultation gynécologique, de l'association Sparadrap, est facilement accessible en ligne.

Pour en savoir plus sur l'excision, ou obtenir de l'aide si toi ou une femme de ton entourage est concernée, tu peux t'engager dans une association qui lutte contre l'excision : http://www.excisionparlonsen.org

→ Lire

Sur la vulve : *L'Origine du monde*, une bande dessinée de Liv Stromquist (Rackam, 2016).

Sur les règles : *Les règles... quelle aventure !*, d'Élise Thiébaut (La ville brûle, 2017), illustré par Mirion Malle.

Sur le clitoris : *Le clitoris, c'est la vie !*, de Julie Azan (First, 2017).

T'as vu sa gueule ?
Salope de mes couilles
Va crever écrasée par un 33 tonnes sale pute !!
Tu es comme une abeille devant
u miel comme ce
u'est mon sexe devant
a bouche -Peace.
Je vais te tuer
va te fair
foutre
T'es moche.

QUE FAIRE SI J'AI ÉTÉ HARCELÉ.E EN LIGNE ?

Le cybersexisme

INTRODUCTION

#MeToo : deux simples mots pour dire « moi aussi », je suis victime. En quelques semaines, des millions de femmes, de tous âges et tous pays, ont utilisé ce hashtag pour dénoncer les violences dont elles ont été victimes au travail, dans la rue, ou au sein de leur couple. Avant cela, en France, le Tumblr « Paye ta shnek » compilant des témoignages de harcèlement masculin dans la rue, avait inspiré « Paye ton bahut», « Paye ta fac », « Paye ton couple», « Paye ton gynéco»... qui dénoncent le sexisme présent dans chaque recoin de la vie privée et publique.

Cette prise de parole des filles et des femmes sur les réseaux sociaux leur permet de ne pas rester seules et de ne plus se sentir coupables : elles voient que d'autres qu'elles ont subi les mêmes propos et violences. Cette reconnaissance est importante ! Mais le revers de la médaille des réseaux sociaux, et d'Internet en général, c'est qu'ils peuvent aussi être un nouveau moyen pour rabaisser, harceler, menacer, insulter, et diffuser des photos à une vitesse folle. Les filles en sont les principales victimes, mais aussi les garçons qui ne rentrent pas dans la case « virilité ». Tout le monde est potentiellement complice et/ou témoin.

QU'EST-CE QUE LE CYBERSEXISME ?

« Un soir, il m'a demandé de lui envoyer une photo sous la douche… J'ai hésité. Quand je l'ai fait il m'a répondu : "C'est super, comme ça, si tu fais la meuf, je sais ce que je peux faire avec"… »

(Témoignage de Livia, 14 ans, extrait du site www.stop-cybersexisme.com)

Le témoignage de Livia n'est pas un cas isolé. Tu as peut-être déjà entendu des histoires comme la sienne, ou été toi-même victime de cybersexisme. Si la prise de conscience est récente, on sait tout de même que ces violences sont très répandues. Le harcèlement et la question de la « réputation » ont toujours eu lieu dans la cour de récréation et dans les salles de classe : que ce soit par des insultes de vive voix, sur des morceaux de papier, sur les murs des toilettes, ou par la propagation de rumeurs – souvent à propos de la sexualité (réelle ou supposée) des filles. Les réseaux sociaux ne créent donc pas une nouvelle forme de violence, ils donnent une autre dimension à des comportements qui existent depuis longtemps.

1 fille sur 5, de 12 à 15 ans, déclare avoir été confrontée à des violences à caractère sexuel via des outils numériques, par le biais de **photos, vidéos ou textos** envoyés sous la contrainte et/ou diffusés sans l'accord et/ou reçus sans l'avoir souhaité.

Ce sont donc en moyenne **3 filles par classe** qui sont concernées.

Source : Centre Hubertine Auclert, 2016

Le revenge porn
ou vengeance pornographique

Revenge porn

Diffusion, à une ou plusieurs personnes, de photographies ou vidéos à caractère intime, sans le consentement de la personne représentée. Le plus souvent, la publication intervient à la suite d'une rupture amoureuse, dans le but d'humilier la personne concernée.

De la même manière qu'une vidéo de chatons, un clip de Rihanna ou le dernier sketch de Kev Adams peuvent faire le buzz en quelques heures, les publications sur Facebook, Instagram ou Twitter peuvent être likées, commentées et partagées des centaines de fois en quelques minutes. C'est ainsi qu'une rumeur, une photo intime ou des insultes peuvent faire des dégâts considérables, ne laissant aucun répit, aucune possibilité de déconnexion à la victime.

Un graffiti dans les toilettes ne sera vu que par les élèves du lycée. Une publication sur les réseaux sociaux peut être vue par le monde entier. Autre particularité par rapport à un graffiti insultant dans des toilettes que l'on peut repeindre : les publications sur les réseaux restent. Une fois qu'elles ont été partagées par plusieurs personnes et sur plusieurs plateformes, il est très compliqué pour la victime de les effacer et de tourner la page, même en changeant de lycée, d'université, de travail ou de ville.

Sur Internet, pas de responsable ?

On a tendance à considérer Internet comme une zone de non-droit, où l'on peut dire et publier tout ce que l'on veut et ce, sans conséquence.

PARMI LES CYBERVIOLENCES,

on distingue :

L'envoi ou la publication d'insultes, d'images malveillantes ou d'informations privées, que ce soit dans un groupe privé (Whatsapp), sur son compte Instagram, Snapchat, ou Facebook ou directement sur celui de la victime

*

La surveillance d'une personne (contrôler ses déplacements, ses publications, sa vie sociale, etc.) ou l'usurpation d'identité en piratant ses mots de passe Facebook par exemple

*

Les pressions pour que la personne visée envoie des données personnelles (codes de téléphone, mot de passe, etc.), des photos à caractère sexuel (insister auprès de sa copine pour qu'elle envoie une photo dénudée - un « nude »), voire des incitations au suicide

*

La création sur les réseaux d'un groupe, d'une page ou d'un sujet de discussion contre une personne

*

L'exclusion d'un espace : exclure une personne d'un groupe de classe sur Facebook par exemple

*

La publication d'une photo ou vidéo intime d'une personne (« revenge porn »)

On entend trop souvent dire : « Ce n'est pas bien grave de liker des insultes si 50 personnes l'ont fait avant moi », ou bien : « Si une fille envoie un nude, il ne faut pas qu'elle s'étonne si elle se retrouve en ligne. » C'est faux ! Chaque commentaire, chaque like sur une publication amplifie son impact et chacun.e en est responsable. « Aimer » une insulte sur Facebook, commenter une photo avec un smiley négatif, cela revient à insulter la personne visée. C'est plus facile de le faire derrière son clavier qu'en classe sans en avoir honte, mais cela nous rend tout aussi responsables.

Quelques exemples de cyberviolences réprimées par la loi

- Publier sur les réseaux sociaux ou envoyer par SMS une insulte sexiste est passible d'1 an d'emprisonnement et 45 000 € d'amende si l'insulte est publique, et de 1 500 € si elle est privée
- Publier un commentaire public (sur YouTube par exemple) incitant au viol ou expliquant qu'une femme « mérite d'être violée » est puni par une peine allant jusqu'à 5 ans d'emprisonnement et 45 000 € d'amende
- Harceler par téléphone ou SMS une personne en proférant des insultes sexistes est passible d'1 an d'emprisonnement et 15 000 € d'amende
- Diffuser une photo ou une vidéo intime sans l'accord de la personne représentée, ou menacer de le faire est un délit puni, depuis 2016, d'une peine jusqu'à 2 ans d'emprisonnement et 60 000 € d'amende.

Trop tolérées, trop banalisées, les violences sexistes sur Internet et les réseaux sociaux restent souvent impunies parce que, sous pseudonyme, les agresseurs se sentent intouchables, perdent toute empathie pour la victime... et se lâchent. Sur les réseaux, on ne s'aperçoit pas de la brutalité que l'on exerce sur la victime. On ne voit pas le mal qu'on lui fait, on ne se met plus à sa place... et on devient plus violent.e.

Du côté des plateformes aussi, on ferme les yeux

Si des formulaires de signalement existent sur Facebook, Twitter et autres, les procédures sont compliquées et peu suivies d'effets. Un test réalisé en 2017 par le Haut Conseil à l'Égalité entre les femmes et les hommes a montré une très grande impunité vis-à-vis des expressions de haine contre les femmes.

Plus récemment, la presse a révélé qu'à l'École management de Lyon, un fichier mis en ligne sur un groupe privé Facebook réservé aux étudiants de l'école recensait des centaines de photos et de données personnelles d'étudiantes notées sur leur physique et leur « potentiel sexuel », sans leur accord bien sûr.

Des violences virtuelles, aux effets bien réels

Derrière son smartphone ou son ordinateur, on ne se rend pas toujours compte de l'impact que peut avoir un like, la publication d'un commentaire ou d'une

Sur près de 600 contenus sexistes signalés sur Facebook, Twitter et YouTube (injures, incitations au viol, menaces de violences sexuelles, etc.), moins de 8 % ont été supprimés.

Source : Haut Conseil à l'Égalité

Les origines douteuses de Facebook

Quelques mois avant de lancer Facebook, son créateur Mark Zuckerberg avait créé une première plateforme recensant les profils d'étudiantes de l'Université d'Harvard, et les présentant, deux par deux, pour que les internautes jugent laquelle était « la plus sexy ». Ce site – nommé Facemash – était basé sur des informations piratées par Zuckerberg, qui souhaitait se venger d'une ex, et fut rapidement mis hors ligne suite au tollé qu'il déclencha.

insulte. Les conséquences sont pourtant bien réelles sur l'état de santé des victimes (anxiété, stress, perte d'estime de soi, troubles du sommeil, anorexie, boulimie, etc.), sur leur scolarité (ne plus vouloir aller en cours, perte de la concentration en classe, etc.) et sur leur vie sociale.

Les ami.e.s, au début solidaires, deviennent parfois victimes voire bourreaux à leur tour, et s'éloignent. Les violences ne s'arrêtent pas entre les cours et le temps libre, et les victimes de harcèlement en ligne ont souvent l'impression qu'elles ne s'en sortiront jamais.

QUAND LES RÉSEAUX SOCIAUX DEVIENNENT UN CAUCHEMAR : *13 REASONS WHY*

Le scénario de *13 Reasons Why* n'est pas que de la fiction : selon une consultation menée par UNICEF France auprès de jeunes âgé.e.s de 16 à 18 ans, le risque de tentative de suicide est **3 fois plus élevé** lorsque l'on est victime de **harcèlement sur les réseaux sociaux.**

3 à 4 adolescent.e.s se suicideraient chaque année en France à cause du harcèlement en ligne.

La série américaine *13 Reasons Why*, réalisée par Selena Gomez, a monopolisé l'attention médiatique et celle des réseaux sociaux pendant plusieurs semaines. En 13 épisodes, elle retrace les événements qui ont amené une adolescente de 17 ans, Hannah Baker, à se suicider, après plusieurs mois de harcèlement et d'agressions sexuelles dans son lycée. Elle en raconte les raisons en 13 cassettes audio, pointant la responsabilité des agresseurs, et des témoins qui n'ont pas réagi à temps. La série décrit très justement les conséquences graves qu'ont eues sur l'adolescente tout un tas de remarques et de violences, pouvant paraître anodines si on les prend une par une, mais qui, cumulées, ont créé une situation insoutenable pour Hannah. *13 Reasons Why* montre aussi que le harcèlement sur les réseaux et par SMS est un prolongement de ce qui se vit dans le « réel », en cours.

Pourquoi les filles sont-elles plus souvent victimes que les garçons ?

On le sait, le sexisme se niche partout. Nous sommes tous et toutes imprégné.e.s de stéréotypes, d'attentes différentes de ce que doivent aimer, penser, faire les filles et les garçons.

L'adolescence et la construction de normes oppressantes pour les filles

L'adolescence est un moment clé où s'exprime la domination des garçons sur les filles. Les filles doivent jongler entre, d'un côté, l'étiquette de « fille facile » et, de l'autre, celle de « coincée » : être sexy, mais pas trop, être en couple (de préférence avec un garçon) mais ne pas changer de copain trop souvent. Il faut être « une fille bien », « qui se respecte », « qui entre dans les normes ».

On ne se pose pas du tout les mêmes questions pour les garçons dont on suppose qu'ils sont hétérosexuels ! Un mec qui couche avec plein de filles, comment est-il vu ? Comme un dragueur, un champion. Dirait-on d'une fille qui a plusieurs partenaires qu'elle est une championne ?

Victimes d'accusations et de rumeurs, contrôlées dans leur manière de sortir, de parler, critiquées sur leur coiffure, leur poids, leur manière de s'habiller : les filles sont plus exposées au phénomène de la « réputation ».

MARION FRAISSE

13 ans pour toujours

Marion, élève en quatrième dans un collège de l'Essonne, avait 13 ans quand elle s'est pendue au porte-manteau de sa chambre, un jour où elle avait dit à sa mère qu'elle se sentait trop mal pour aller en cours. Dans la lettre qu'elle avait préparée pour son collège avant de se donner la mort, elle décrit la raison de son geste: « Vous êtes allés beaucoup trop loin dans cette histoire » et explique qu'elle a été insultée pendant des mois en cours, dans la cour de récréation mais surtout sur Facebook et par SMS. « Pute », « sans sein », « grosse », « boloss »: Marion, devenue la cible du collège, n'a pas trouvé d'aide auprès de ses enseignant.e.s et n'a pas osé en parler à ses parents. Le combat de sa mère, Nora Fraisse, pour que cela n'arrive pas à d'autres adolescent.e.s, a encouragé l'Éducation nationale à s'attaquer au problème et à former les personnels d'éducation pour repérer les cas de harcèlement en ligne et accompagner les victimes.

Ces normes sexistes et inégalitaires se retrouvent sur Internet : on attend d'une fille qu'elle soit belle sur sa photo de profil, mais sans être vulgaire. Son physique, lui aussi, sera scruté et commenté dans les moindres détails. Une photo en maillot sur la plage publiée sur Instagram peut lui valoir des commentaires insultants, alors qu'un garçon torse nu sera moins souvent inquiété.

Pour les garçons, le stigmate du « pédé »

Le sexisme édicte que les femmes ont un certain rôle dans la société, différent de celui des hommes.

Ces derniers doivent être forts, virils, sportifs, ne pas pleurer, ne pas être consciencieux en cours, être attirés par des femmes. Les garçons qui ne remplissent pas ces attentes sont, eux aussi, montrés du doigt. Ils ne seraient pas de « vrais hommes ». Conséquence : leur proximité avec les qualités associées aux femmes (douceur, sensibilité, etc.) et leur homosexualité (réelle ou supposée) font d'eux une cible, dans la cour et en ligne.

Un film à voir : 1:54

1 minute 54, c'est le record que veut atteindre Tim.

À 16 ans, c'est un jeune homme timide, brillant, et très sportif. Mais pour certains de ses camarades de lycée, sa relation avec Francis est suspecte. Trop sensibles, trop différents des autres garçons... trop proches l'un de l'autre.

Tim et Francis vont subir harcèlement et menaces sur les réseaux sociaux, avec des conséquences dramatiques dans leur quotidien.
Ce film québécois raconte très justement l'homophobie et les ravages du cyberharcèlement.

MARION SECLIN

championne de France de cyberharcèlement

À seulement 28 ans, Marion Seclin est actrice, mannequin, youtubeuse, chroniqueuse sur Canal+ et multiplie les projets télé et web. Elle est aussi « championne de France de cyberharcèlement » !

Après avoir publié une vidéo pour Madmoizelle.com sur le harcèlement de rue intitulée « T'as été harcelée mais... t'as vu comment t'étais habillée ? », elle a reçu plus de 40 000 messages contenant des injures sexistes, des menaces de mort et de viol.

Elle revendique son titre avec humour pour alerter sur les conséquences du cyberharcèlement que subissent les jeunes filles et les féministes.

Tu peux retrouver sa vidéo TedX « Championne de France de cyberharcèlement » sur YouTube.

Les réseaux sociaux,
instrument de contrôle au sein du couple

Les violences au sein du couple débutent souvent par la volonté masculine de contrôler les conversations, les sorties, et même les amitiés de sa copine. Les réseaux sociaux, qui permettent de savoir quand et où on est connecté.e peuvent alors être utilisés comme un moyen de surveillance. Ton copain s'énerve quand tu ne réponds pas à son appel ou ses textos dans la minute ? Il veut tout le temps savoir où tu es, et avec qui ? Il te demande le code de ton téléphone et souhaite lire tes conversations privées ?

Et maintenant, que faire ?

→ Contacter

La plateforme en ligne **NetEcoute**
0800 200 000
(numéro gratuit, anonyme, confidentiel, du lundi au vendredi de 9h à 19h)
www.netecoute.fr

En cas de harcèlement dans le **cadre scolaire,** un numéro national unique et gratuit : **30 20**. Du lundi au vendredi de 9h à 20h et le samedi de 9h à 18h.

En cas de violences dans les relations amoureuses, l'association En avant toute(s) propose un tchat anonyme et gratuit pour les 16-25 ans **enavanttoutes.fr.**

→ Porter plainte

La plupart des manifestations de cyberviolences sont interdites par la loi.
Il est important de **conserver toutes les preuves** (garder les captures d'écran et liens url, noter l'heure et la date des signalements effectués, garder une trace des enregistrements audio, etc.) afin de porter plainte de manière plus efficace.

→ Signaler

Le Centre Hubertine Auclert propose 12 tutoriels vidéos pour expliquer les signalements possibles d'un contenu sexiste sur les réseaux sociaux : **www.stop-cybersexisme.com.**

La plateforme du ministère de l'Intérieur **www.internet-signalement.gouv.fr :** Des enquêteurs et enquêtrices formé.e.s à la cybercriminalité vont rechercher les personnes qui ont posté le contenu et encourager les plateformes à le supprimer.

→ + d'infos

Collectif Féministes contre le cyberharcèlement
(formations, ressources et plaidoyer, conseils, témoignages, etc.) :
feministesvscyberh.tumblr.com.

Rapport du Haut Conseil à l'Égalité
« En finir avec l'impunité des violences faites aux femmes en ligne : une urgence pour les victimes »
haut-conseil-egalite.gouv.fr.

Ma grande! Aide ta mère à débarrasser.

ET L'ÉGALITÉ À LA MAISON ?

Le féminisme en repas de famille

INTRODUCTION

Ah la famille !

Quel bonheur, et quel bordel ! La signification même de la famille peut être très différente d'une personne à une autre. Il y a la famille qu'on a, celle qu'on n'a pas, celle qu'on aurait aimé avoir, celle qu'on se choisit...

Dans tous les cas, la famille est souvent un sujet délicat et complexe, et doit être un thème féministe. Il y a plusieurs raisons à cela :

- La famille et le foyer ont longtemps été le domaine réservé aux femmes, qui y ont vécu des oppressions tout comme elles y ont bâti des émancipations ;
- La famille est le premier lieu de l'éducation, où se transmettent des valeurs, mais où se reproduisent aussi les stéréotypes ;
- La famille est souvent la partie privée de nos vies, et c'est bien connu : le privé est politique !

Vivre en famille, en fonder une un jour (ou pas du tout), souhaiter des parents plus féministes, participer à une éducation plus juste et bienveillante... Nous avons tou.te.s de nombreuses raisons de s'intéresser à l'égalité à la maison.

C'est l'ennui total en repas de famille ? Nous avons une recette imparable : choisir n'importe lequel des sujets de ce chapitre, et lancer la discussion ! De qui fait le ménage à l'indépendance économique des femmes, en passant par l'ouverture du mariage à tous les couples, voilà autant de questions qui pourront animer un dîner un peu trop long !

LE FOYER, LA PRISON DES FEMMES ?

Les femmes cantonnées au foyer

Pendant longtemps, plus que la notion de famille, c'est celle de foyer qui s'est imposée aux femmes. Le foyer, c'est la vie privée et intime, la vie de couple et de famille. C'est une forme de gynécée (un espace réservé aux femmes dans les habitations antiques).

Cette séparation est une forme de ségrégation très ancienne. Les sociétés se sont structurées autour d'une division sexuée des rôles entre femmes et hommes, épouses et époux, mères et pères :

- Aux hommes le monde extérieur, le travail et les responsabilités économiques.
- Aux femmes, la gestion du foyer, les grossesses et l'éducation des enfants.

Comme si ces missions étaient inéluctables selon le sexe. C'est le piège de la complémentarité.

La complémentarité, attention danger !

Sous prétexte d'attribuer aux femmes et aux hommes des rôles différents, c'est une hiérarchie sexiste qui est installée au niveau le plus intime. Parce que les femmes mettent au monde les enfants, leur vie devrait rester attachée au foyer. Ce postulat a eu de nombreuses conséquences sur les conditions de vie des femmes et a entravé la conquête de leurs droits.

Le foyer est à la fois l'espace physique, politique et social dans lequel les femmes doivent demeurer, sous l'autorité de leur père, puis de leur mari.

Mais alors qui est le chef ?

C'est très paradoxal ! On a longtemps décrit le foyer comme « le royaume des femmes », puisqu'elles étaient censées être les seules capables de s'occuper des enfants et de l'entretien de la maison. Pourtant, quand il s'agissait de parler au « chef de famille », c'est vers le père que l'on se tournait. C'est bien la preuve que la répartition des rôles entre femmes et hommes est aussi une manière d'imposer une hiérarchie !

Un Code civil enfermant les femmes dans l'inégalité

Cette inégalité se retrouve tout au long de l'histoire dans le statut juridique des femmes. En France, l'organisation de la famille dans la loi a été marquée par la rédaction du Code civil des Français, en 1804. On dit souvent du Code civil qu'il est l'un des grands héritages de Napoléon. Pourtant, la situation des femmes inscrites dans le Code civil n'est guère reluisante : elles sont considérées comme des enfants, privées de droits juridiques au même titre que les mineur.e.s ou les criminel.le.s.

Un enfermement bien durable…

L'autorité du père ou du mari sur les femmes sera la règle pendant plus de 150 ans, il faudra attendre 1970 pour passer de la « puissance paternelle » à l'« autorité parentale » partagée entre le père et la mère, et qui reconnaît enfin, dans les textes, la femme comme l'égale de l'homme à la maison.

« Le mari doit protection à sa femme, la femme obéissance à son mari. »

(Code civil de 1804)

Chacun.e son rôle ?

À la source de cette répartition des rôles dans ou en dehors du foyer, on retrouve bien sûr la construction du genre, et différents mythes qui ont contribué à maintenir les femmes à la maison.

Pourtant, il a été prouvé (et l'expérience est facile à reproduire) que les hommes sont tout à fait capables de passer la serpillière ou jouer avec les enfants ! Le contraire signifierait qu'il est en fait impossible d'être un bon père !

L'instinct maternel ? Un abus de langage bien pratique

L'« instinct maternel », souvent évoqué pour justifier que c'est aux femmes d'arrêter les pleurs et de changer les couches puisqu'elles seraient plus « douées » pour le faire, c'est finalement des siècles d'éducation différente entre les filles – à qui on a appris à s'occuper du foyer et du bien-être des proches – et les garçons, à qui on a appris à en sortir.

Ainsi, les femmes peuvent aussi se sentir submergées, et les hommes pas assez concernés.

Pourtant, il n'y a pas besoin d'avoir un vagin pour s'occuper d'un bébé, et les pénis n'empêchent pas les hommes d'être attentifs au bien-être de ses proches.

Quand les femmes font tourner le pays

L'histoire nous a apporté des preuves très concrètes que les femmes pouvaient aisément prendre la place des hommes dans le monde « extérieur », à l'usine par exemple. Qui faisait tourner l'industrie pendant les deux conflits mondiaux, avec de nombreux hommes mobilisés sur le front ? Les femmes bien sûr !

Cela a permis de battre en brèche un certain nombre d'idées reçues sur les capacités ou incapacités des femmes. Après avoir confié les manettes aux femmes pendant des mois, il était difficile de leur expliquer ensuite qu'elles devaient rentrer à la maison et garder le silence.

Ça n'est donc pas un hasard si l'obtention du droit de vote des femmes en France date de 1944.

L'AUTONOMIE EST AUSSI ÉCONOMIQUE

L'émancipation des femmes nécessite de briser les stéréotypes pour sortir du foyer, mais aussi de subvenir à ses propres besoins. C'est la conquête de l'autonomie économique.

VIRGINIA WOOLF

Écrire pour se libérer

Au Panthéon des grandes autrices féministes, on ne peut pas ne pas mentionner Virginia Woolf.

Cette Anglaise, née le 25 janvier 1882 à Londres et morte le 28 mars 1941, est entrée dans l'histoire grâce à ses œuvres littéraires et au rôle de premier plan qu'elle a joué dans la vie intellectuelle du Royaume-Uni.

En plus d'être une écrivaine de génie, Virginia Woolf a finement analysé les obstacles qui empêchaient aux femmes de vivre en liberté et de faire la preuve de tout leur talent.

« Les femmes ont toujours été pauvres, et cela non seulement depuis deux cents ans, mais depuis le commencement des temps.[...] Les femmes n'ont donc pas eu la moindre chance de pouvoir écrire des poèmes. Voilà pourquoi j'ai tant insisté sur l'argent et une chambre à soi. » (Virginia Woolf, *Une chambre à soi*)

L'autonomie économique est un thème qui revient souvent dans ses romans (souvent autobiographiques). Elle fait pleinement comprendre à quel point la condition matérielle précaire dans laquelle les femmes ont vécu a nui à leur émancipation.

Sa vie est d'ailleurs un modèle en la matière, puisqu'elle fait partie des rares femmes de son époque à avoir connu le succès de son vivant.

Son suicide marqua durablement les esprits et provoqua des débats sur la manière dont étaient traitées les femmes victimes de troubles mentaux et les soins qui leur étaient prodigués.

13 juillet 1965

Les femmes accèdent (dans le droit) à l'indépendance économique en France

La loi du 13 juillet 1965 permet enfin aux Françaises de travailler ou d'ouvrir un compte bancaire sans l'autorisation de leur mari ! C'est une étape essentielle vers l'autonomie, la possibilité pour les femmes de choisir une carrière et s'affranchir de la tutelle de leur mari.

Pour la féministe Thérèse Clerc, cette loi ouvre les horizons des femmes et leur permet de sortir de la « bêtise familiale » dans laquelle elles étaient maintenues. Il est difficile aujourd'hui d'imaginer aller demander l'autorisation de travailler à un copain, compagnon ou mari, et c'est tant mieux !

Les inégalités salariales existent toujours : **les femmes gagnent 24 % de moins que les hommes** tous temps de travail confondus. À poste et expériences équivalentes, **elles touchent 9 % de moins.**

Source : INSEE, 2017

Les mêmes droits peut-être, mais qu'en est-il de l'égalité ?

Malgré l'obtention des mêmes droits pour gérer son argent et sa vie professionnelle, ça n'est que le début de l'aventure pour l'égalité entre les femmes et les hommes dans le monde économique.

En plus des discriminations sexistes, cette inégalité qui persiste entre les salaires des femmes et des hommes s'explique aussi par l'histoire du foyer évoquée plus haut.

Les femmes sont entrées progressivement sur le marché du travail, et d'abord à temps partiel, sur des emplois peu qualifiés. Leur salaire était donc un salaire d'appoint, un bonus pour la famille.

À croire qu'une inégalité vient toujours en remplacer une autre : à peine les femmes commençaient-elles à percevoir un salaire que la société prenait la mauvaise habitude de les payer moins que les hommes !

C'est quoi les violences économiques ?

Si l'autonomie des femmes peut passer par le pouvoir économique, le sexisme s'exerce aussi dans cette sphère. C'est pourquoi nous faisons le choix de parler de « violences économiques ». Les inégalités de salaire, les discriminations à l'embauche, le harcèlement au travail… tout cela ne tombe pas du ciel !

C'est une dimension à part entière du continuum des violences (chapitre 3). La logique est implacable : comment par exemple quitter un conjoint violent sans les moyens de vivre seule ?

Travail domestique et charge mentale

Dès l'enfance, filles et garçons ne participent pas à la tenue de la maison dans les mêmes proportions ni pour les mêmes tâches (débarrasser la table ou monter un meuble). C'est l'apprentissage du partage du travail domestique.

Spoiler alert : ce « partage » n'est pas équitable, et ne se fait pas du tout en faveur des femmes !

Les femmes réalisent près de 70 % des tâches ménagères et de soins aux enfants.

Source : INSEE

Cela représente une charge de travail de 34 heures de travail hebdomadaire pour les femmes en couple avec enfants (contre 18 heures pour les hommes !).

C'est une vraie double journée. L'expression « travail domestique » est employée pour faire comprendre la valeur de ces tâches domestiques et ménagères, réalisées au quotidien par des femmes, qu'il s'agisse d'une forme de travail « gratuit » ou salarié.

Le temps consacré par les hommes à ce travail est désespérément stable. Si l'on observe une légère réduction de l'écart entre les femmes et les hommes, c'est parce que les femmes y consacrent un peu moins de temps. Cette réduction du temps de travail domestique passe souvent par une délégation de ces tâches à une autre femme. C'est le recours aux employées à domicile pour le ménage et la garde des enfants. Des femmes précaires qui cumulent souvent des heures de transport pour quelques heures rémunérées, à des horaires impossibles.

La division sexuée du travail existe aussi pour le travail domestique, et elle est toujours inégalitaire. Les femmes écopent le plus souvent des tâches les plus ingrates : linge, repassage, ménage, etc. Les hommes, quand ils s'investissent, se consacrent en priorité aux soins des enfants (sorties, etc.) ou au jardinage.

Madame cuisine, Monsieur est chef.

La répartition des rôles n'est pas une question de compétences ou d'appétences « innées », mais bien un partage du pouvoir.

Un autre exemple : les femmes prennent en charge la plupart du travail domestique, y compris en cuisine, mais lorsqu'on passe à la cuisine professionnelle, qui amène de la reconnaissance et des revenus, on trouve beaucoup plus de chefs que de cheffes !

C'est encore plus flagrant dans les classements gastronomiques !

Et donc, qu'est-ce que la charge mentale ?

Au-delà des chiffres, Emma, l'autrice de BD, a touché juste en parlant de la « charge mentale » des femmes.

Les femmes doivent penser à tout : à la liste de courses, à prendre un rendez-vous chez la pédiatre pour le petit dernier, à la réunion de parents d'élèves… bref à organiser le foyer. Les hommes « aident » quand ils le veulent ou quand on leur demande (avec insistance).

C'est une fatigue considérable qui a des conséquences inévitables sur l'équilibre de vie des femmes. Elles jonglent entre vie professionnelle et vie conjugale et familiale, ont moins de temps pour vivre des engagements politiques ou associatifs, ou pour leurs loisirs. Beaucoup de femmes parlent tout simplement d'épuisement.

L'organisation de la vie de famille pèse donc lourdement sur les épaules des femmes. Pourtant, il arrive encore d'entendre, pour évoquer une gestion sérieuse et responsable du foyer, d'une gestion en « bon père de famille ». C'est culotté !

« Je vais t'aider à la maison. »

Il n'est pas rare de lire ou d'entendre dire qu'un homme « aide » sa compagne à la maison, et que celle-ci « a de la chance d'avoir un mari / un copain comme lui ».

Voilà qui est étrange : c'est sa maison aussi, non ? Il est tout autant responsable de la propreté des lieux qu'elle ?

Le langage est encore une fois révélateur : dire d'un homme qu'il « aide » au travail domestique implique que ce travail ne lui revient pas. Pourtant, le linge ne va pas se ranger tout seul.

***« Qui va faire la vaisselle ?
Nous, on fait la révolution. »***

(Slogan féministe)

Qui va garder les enfants ?

« Qui va garder les enfants ? » c'est la question posée par Laurent Fabius quand Ségolène Royal était candidate à l'élection présidentielle !

Grand prix du machisme en politique, cette phrase montre bien à quel point il est attendu que les femmes gardent les enfants.

Où sont passés les hommes ?

On a du mal à croire que seuls 4 % des papas aimeraient passer plus de temps avec leurs enfants. Entre l'idée que c'est à la mère que revient l'éducation des enfants, la difficulté pour les pères d'assumer la demande d'un congé parental, le peu de jours qui leur sont accordés pour la naissance d'un enfant, la pénurie de crèches... Les conditions ne sont pas encore réunies pour faire de la garde des enfants une mission parentale partagée avec bonheur entre les papas et les mamans.

Être mère, incompatible avec la carrière ?

Pour les femmes, le statut de mères peut nuire tout au long de la carrière.

Depuis 2016, des mères témoignent de leurs difficultés au travail avec le hashtag #VieDeMère. Les employeurs présument qu'elles sont moins disponibles, moins impliquées, avec des contraintes horaires ou des absences plus nombreuses.

De nombreuses femmes subissent ainsi des discriminations à l'embauche ou à la promotion parce qu'elles ont une famille. Les salaires évoluent aussi moins vite pour les femmes lorsqu'elles ont l'âge d'être mère. Peu importe qu'elles aient ou non des enfants.

À la naissance d'un enfant, ce sont aujourd'hui à 96 % des femmes qui prennent le congé parental.

Source : INSEE

Note pour plus tard : les questions sur la situation familiale (« Avez-vous des enfants ? » ou « En voulez-vous bientôt ? ») sont interdites par la loi lors d'un entretien d'embauche !

Un enfant quand je veux, si je veux !

L'égalité en famille, c'est d'abord le choix de fonder une famille, ou pas. Et même le choix d'être en couple ou pas !

Ces questions sont souvent sources de pression. Il y aurait un bon âge pour se marier, un bon âge pour avoir son premier enfant… Comme si ensuite on risquait la péremption ! Personne n'a à se sentir obligé.e d'avoir une vie sentimentale et/ou familiale correspondant aux attentes d'autres personnes.

L'horloge biologique, vraiment ?

Cette pression est particulièrement forte pour les femmes. On la retrouve dans l'expression de l'« horloge biologique ». Il est temps de rétablir quelques vérités : aucune femme ne fait « tic tac », et aucun utérus n'a jamais sonné comme un réveil pour dire que c'était l'heure de la grossesse !

Ne pas avoir d'enfant, un tabou voire un mal

Le choix de ne pas avoir d'enfant a longtemps été un tabou : si une femme n'avait pas d'enfant, c'était forcément parce qu'elle ne pouvait pas en avoir. L'infertilité était perçue comme quelque chose de honteux.

Il y a quelques siècles, les femmes de souverain qui ne pouvaient avoir d'enfant étaient répudiées.

Aujourd'hui encore, pèse l'idée qu'une femme qui ne voudrait pas d'enfant ne serait pas une « vraie » femme. Pourtant, vouloir ou non un enfant est un choix qui appartient à chacun.e, et qui ne préjuge pas des qualités de la personne qui le fait, ni même de son amour potentiel à l'égard des enfants.

Mariage pour toutes et tous

Pour beaucoup, le mariage est la première étape de la vie familiale. Mais pas forcément, hein, tu l'auras compris !

C'est pourquoi la possibilité pour toutes et tous de se marier a été un énorme enjeu des combats féministes et LGBT. Les couples homosexuels et lesbiens existent depuis toujours et leur reconnaissance légale, même si elle est beaucoup trop tardive, permet enfin d'établir une égalité des droits.

Des débats violents pour que chacun.e ait le droit de se marier

La violence des débats qui ont secoué la France avant l'adoption de la loi du 17 mai 2017 ouvrant le mariage à tous les couples a rappelé que l'égalité est loin d'être le projet de société porté par tou.te.s.

LA LESBOPHOBIE est une aversion, un mépris ou une haine des lesbiennes. Elle est liée au sexisme puisque la lesbophobie revient à considérer que les femmes n'ont pas de sexualité propre et que l'homme est au centre de tout. La lesbophobie se traduit par des insultes, des regards, des discriminations voire des violences physiques contre les femmes lesbiennes ou considérées comme telles.

Et les enfants ?

Et il reste du boulot ! Ne serait-ce que pour garantir à toutes les femmes, en couple ou célibataires, l'accès à la Procréation médicalement assistée (PMA). Aujourd'hui, la PMA est réservée aux seuls couples hétérosexuels infertiles. L'interdiction d'accès de cette technique médicale aux femmes lesbiennes ou célibataires est une discrimination en raison de leur sexualité. C'est une manifestation de la lesbophobie.

Être soi-même en famille

Il n'est pas facile d'être soi-même en famille. On a parfois peur de la réaction de nos proches ou de les blesser, de leur faire honte.

Il peut s'agir d'une crainte liée à nos idées (assumer d'être féministe par exemple !), de nos choix de vie ou d'orientation (tu es une fille et tu veux faire de la mécanique ?), ou de notre sexualité. On voudrait que nos proches soient nos plus grands supporters ! Tout le monde n'a malheureusement pas cette chance. Il n'y a pas de formule magique pour assurer à chacun.e de pouvoir être soi-même face à sa famille.

UNE ÉDUCATION FÉMINISTE

Pour atteindre l'égalité en famille, il va falloir reprendre les bases. En revenir à l'éducation des enfants, dès le plus jeune âge, pour ne pas laisser le genre dicter sa loi (voir chapitre 2).

Pas de raison qu'on apprenne aux filles que leur monde se limite au foyer avec des jeux de dînettes, des poupées, etc.

Les garçons aussi pourraient apprendre à s'occuper des autres dès l'enfance, non ?

Maintenant que l'on connaît à peu près quels sont les mécanismes qui enferment les filles et les garçons dans des rôles différents, il reste à inventer une véritable éducation féministe.

« Bien que nous ayons le courage d'élever nos filles comme nos fils, nous avons rarement eu le courage d'élever nos fils comme nos filles. »

(Gloria Steinem)

La campagne « LesBieFamily »

On a pourtant envie de mettre toutes les chances de notre côté. C'est pourquoi Osez le Féminisme ! s'est attaqué directement aux discriminations et violences qui peuvent avoir lieu en famille.

Ainsi la campagne « LesBieFamily » lancée en 2015 luttait contre la lesbophobie dans le milieu familial, partant du constat que 75 % des lesbiennes et bisexuelles ne parlent pas de leur orientation sexuelle à toute leur famille.

Pourquoi est-il plus facile d'élever les filles comme des garçons ?

Parce que ce qui relève du monde masculin est valorisé.

Proposer aux filles d'agir comme les garçons, c'est leur conseiller d'être fortes, fières, libres ! Élever les garçons « comme des filles » implique de réhabiliter les qualités jusque-là prioritairement inculquées aux filles : douceur, empathie, attention.

Il faut alors aussi faire en sorte que les personnes présentant ces qualités ne soient pas considérées comme plus faibles ou écrasées. Si on te dit que les choses sont comme ça « parce que tu es une fille / un garçon », tu es tout à fait en droit de demander pourquoi, et de le remettre en cause !

Chère Ijeawele. Un manifeste pour une éducation féministe

À une amie qui lui demandait des conseils pour éduquer sa fille de façon féministe, Chimamanda Ngozi Adichie, formidable écrivaine nigériane, lui répondit dans le livre *Chère Ijeawele*, véritable manifeste féministe pour une éducation non sexiste.

Au fur et à mesure de sa réponse, il devient évident qu'inculquer une éducation féministe, c'est d'abord être féministe soi-même, incarner les valeurs que l'on souhaite donner en exemple.

Il ne faut pas non plus que cela devienne une pression supplémentaire pour les parents, et surtout les mères !

Il n'existe pas de garçon manqué !

Cette expression est très réductrice : elle signifie qu'une fille serait en réalité un garçon « loupé » parce qu'elle adopte des comportements que l'on n'attend pas d'elle (une fille grande, qui fait du sport, qui parle fort, qui ne porte pas de robes, par exemple).

On entend encore bien trop souvent que certaines sont des garçons manqués, alors qu'il n'y a que des filles réussies !

Vaut mieux être seul.e que mal accompagné.e !

Les familles sont diverses, se composent et se recomposent. En France, c'est près d'1 enfant sur 5 qui grandit avec des parent.e.s séparé.e.s.

Le divorce

Avant d'être un fait de société, le divorce a été un droit obtenu grâce à la mobilisation des féministes.

Autorisé en 1792 pendant la Révolution française, puis à nouveau supprimé en 1816, il sera ensuite rendu possible à la fin du XIXe siècle mais avec beaucoup de restrictions, notamment l'obligation de prouver la « faute ». Pendant longtemps, la législation a été bien plus favorable aux époux qu'aux épouses, y compris en cas d'infidélité. Ce n'est qu'en 1975 que le divorce par consentement mutuel sera introduit en France.

En France, environ 130 000 divorces sont prononcés chaque année.

Source : INSEE

Dans d'autres pays, le divorce est très restreint, notamment à cause de la religion. Les femmes doivent parfois obtenir l'accord de leur époux pour divorcer, tandis que les hommes conservent le droit de répudier leur épouse.

Dans 72 % des familles séparées ou divorcées, la mère obtient la garde principale des enfants, et dans 17 % des cas, une garde alternée est mise en place. Si les femmes obtiennent majoritairement la garde, c'est tout simplement parce que les pères ne la réclament généralement pas (seulement 18 % demandent la garde alternée).

La garde des enfants

Si ce sont les mères qui ont la garde des enfants après le divorce, ce n'est donc que le reflet de la situation avant la séparation dans laquelle les mères s'occupaient davantage de l'éducation et des soins aux enfants que les pères.

Mères seules ou familles monoparentales ?

Ces mères qui élèvent seules leurs enfants sont des héroïnes du quotidien.

Souvent, en l'absence de solution de garde accessible et de partage égalitaire des tâches domestiques, les femmes ne priorisent plus leur vie professionnelle.

Elles arrêtent de travailler quelques années, passent à temps partiel, ou refusent des promotions ou des responsabilités. Quand elles se retrouvent seules, les galères financières commencent. Les pensions alimentaires, quand elles sont versées, ne sont pas suffisantes pour éviter une perte de niveau de vie.

Les féministes débattent régulièrement de comment nommer ces familles, constituées à 90 % d'une mère seule avec ses enfants. Geneviève Fraisse, philosophe féministe emblématique, explique très bien le dilemme : « familles monoparentales » permet d'ouvrir le champ des possibles, de ne pas renforcer l'idée que la responsabilité parentale ne repose que sur les mères. Mais, quand on connaît la réalité, ça n'est pas très précis : « mères seules » est sans doute une expression qui visibilise la précarité de ces femmes et reflète plus précisément la situation.

Selon l'INSEE, **un tiers des familles monoparentales** vivent sous le seuil de pauvreté.

Quand la famille n'est pas un havre de paix

Il arrive que la famille soit loin d'être l'espace de confiance et de bienveillance auquel on peut s'attendre. Qui n'a pas vécu de longues engueulades ? Des moments de honte, et parfois de révolte ?

Il n'y a rien d'anormal à ça, un tel niveau d'intimité provoque forcément des tensions. Il n'existe pas de famille idéale, pas plus que de modèle de famille ou de mode d'emploi pour une famille réussie.

Ça ne doit pas empêcher de pouvoir poser des barrières. Tout le monde a le droit de vivre dans un environnement sain où il.elle se sent respecté.e et protégé.e.

Dans le cas contraire, devoir se mettre à l'abri de ses « proches » nécessite du soutien et de l'aide. Il n'y a rien de honteux à cela, et c'est plutôt le signe d'un grand courage (voir chapitre 3).

La famille est malheureusement loin d'être épargnée par les violences. C'est même là que les violences sexistes sont le plus souvent infligées. La violence, qu'elle soit verbale, psychologique ou physique, n'est jamais une base familiale solide, ni une preuve d'amour.

« C'est pas pareil chez les jeunes. »

Les violences au sein du couple, souvent moins prises au sérieux lorsqu'une jeune femme témoigne, alors que plus d'un tiers des agressions sexuelles ont lieu entre 18 et 25 ans.

Et maintenant, que faire ?

→ Faire attention à la répartition des tâches, chez toi mais aussi en milieu scolaire, sportif ou associatif. Les filles nettoient et les garçons organisent ? Il est temps de changer ça.

→ Ne pas juger, en famille comme ailleurs, les choix de vie des personnes qui t'en font part. Être un.e allié.e, c'est la meilleure manière de partager les joies de tes proches.

→ Juste se souvenir de ce que nous devons toutes et tous à nos mères, et les en remercier !

→ **Aller + loin**

Dévorer l'album *Un autre regard*, de Emma (2017, éditions Florent Massot), pour s'armer face à toutes les injustices.

Aller sur le site *Vie De Mère* **(https://vdmere.fr)** pour lire les témoignages des discriminations subies par les mères au travail.

Découvrir toute l'œuvre de **Virginia Woolf** : des romans avec des personnages extraordinaires et ordinaires à la fois, et des essais brillants sur les droits des femmes, dont *Une chambre à soi*.

S'inspirer de *Chère Ijeawele*. Un manifeste pour une éducation féministe de **Chimamanda Ngozi Adichie** (2017, Gallimard), pour réfléchir à l'éducation et construire son propre parcours féministe.

Regarder le film *Tully*, sorti en 2017, qui montre avec humour à quoi l'épuisement parental peut ressembler.

Soutenir l'action du FIT
(Une femme un toit : **www.associationfit.org**),
association dédiée à l'accueil,
l'hébergement et la réinsertion sociale
de jeunes femmes victimes de violences.

261

GARÇONS / FILLES : QUI COURT LE PLUS VITE ?

Le sport pour toutes et tous

INTRODUCTION

Il y a des épisodes qui chamboulent l'histoire des femmes de manière insoupçonnée. C'est le cas de la participation de Kathrine Switzer, en 1967, au marathon de Boston. Il est difficile d'imaginer qu'il y a quelques décennies, les femmes étaient interdites de course, simplement parce qu'elles étaient femmes.

Kathrine Switzer n'est sûrement pas la première femme à courir un marathon. Juste avant elle, Louise « Bobbi » Gibb avait couru le marathon de Boston en 1966, mais sans y être enregistrée. La démarche officielle de Kathrine Switzer a mis en lumière l'absurdité des interdictions pesant sur la pratique sportive. Il était encore fréquent à l'époque d'entendre les pires clichés sur les sportives : le sport allait les transformer en hommes, peut-être en lesbiennes, ou encore causer la perte de leurs attributs féminins (de la disparition des seins jusqu'à la chute de leur utérus !).

Face à cette femme tout à fait capable de courir le marathon – puisqu'elle s'entraînait sur des distances encore plus longues –, c'est par la violence qu'a réagi l'un des organisateurs de l'événement, en essayant de la faire tomber et de lui arracher son dossard. Mais grâce au soutien de la foule et de ses compagnons de course, Kathrine Switzer a pu continuer jusqu'à la ligne d'arrivée !

Cet épisode est très révélateur des difficultés que rencontrent et surmontent les femmes qui souhaitent pratiquer un sport. Loin d'être anecdotique, l'accès des femmes au sport est un levier pour casser les logiques sexistes et permettre à chacun.e de s'épanouir. Cela nous pose forcément les questions de rapport au corps, de liberté d'agir et, même, de ce qu'est une compétition « juste » : on part souvent du principe que les hommes sont plus forts, plus grands, courent plus vite…

Mais peut-on vraiment comparer les performances des femmes et des hommes quand les règles du jeu sont si différentes ?

POURQUOI LES FILLES ABANDONNENT-ELLES LE SPORT ?

« Le sport, c'est le rapport au corps. On touche toutes les problématiques liées aux droits des femmes. »

(Marie-George Buffet, ancienne ministre de la Jeunesse et des Sports, interviewée pour le journal d'Osez le Féminisme !)

Une éducation différente de celle des garçons

Depuis leur plus tendre enfance, on explique aux filles que le sport est une activité plutôt masculine, et ce malgré l'existence de sports dits « de filles », comme la gymnastique, l'équitation, la danse ou la natation synchronisée. En dehors de ces quelques niches, les sportives reçoivent beaucoup moins d'encouragements que les sportifs.

Il y a beaucoup de choses qui peuvent décourager les filles de faire du sport :

- L'absence de modèles de grandes sportives auxquelles s'identifier : pas d'images Panini, de sportives dans les pubs à la télé, ni de maillot à leur effigie dans les magasins de sport ;

À l'adolescence, on estime que près de la moitié des filles qui pratiquent une activité sportive l'abandonnent. Ce taux est bien plus élevé que chez les garçons.

Source : Ministère des Sports, France, 2014

- Les mauvaises conditions matérielles dans lesquelles les filles et femmes sont souvent obligées de pratiquer ;
- Le sexisme qu'elles subissent sur le terrain, à l'entraînement, en compétition, et dans les médias.

Les complexes et malaises créés par le sexisme

L'adolescence est une grande période de changement physique. Et là-dessus les filles ne sont vraiment pas aidées ! Le contrôle sur le corps des femmes démarre dès le plus jeune âge, et provoque des complexes qui ne favorisent pas l'activité physique. De nombreux travers rendent souvent la pratique sportive taboue, dans les milieux scolaires comme familiaux. Débusquons-en au moins deux.

1- La prise de poids

Il est tout à fait normal pour les jeunes filles de prendre du poids à l'adolescence. Pour beaucoup d'entre elles, c'est l'arrivée des premières « formes » : poitrines, hanches, fesses plus rebondies.

La grossophobie est le système de discriminations et de violences envers les personnes en surpoids ou considérées en surpoids.

Alors que cette évolution est simplement le signe que la puberté est là, beaucoup de jeunes filles sont alors confrontées aux premières manifestations de grossophobie.

C'est donc une culpabilisation permanente, qui apprend aux filles à détester leur propre corps, à se déprécier elles-mêmes. Les garçons en sont également victimes, dans une moindre mesure.

La maigreur est célébrée, créant des idéaux impossibles, voire dangereux à atteindre (*cf* chapitre 6 sur l'image des femmes). Autant dire que cette pression, cette haine de la moindre rondeur, rend presque impossible le fait d'aller courir ou nager sans complexe, encore plus dans le cadre scolaire où il faut « affronter » le regard de la classe.

2- Dans le même genre, parlons soutif !

Brassière, soutien-gorge, avec ou sans arceaux, de sport ou de ville... La galère du premier maintien de la poitrine prend une dimension encore différente lorsqu'il s'agit de faire de l'escalade ou du handball.

Pour autant, il n'est pas facile d'aller demander conseil à la ou le prof de sport à ce sujet.

Si le port de ton soutien-gorge est inconfortable, notamment si tu sens une pression trop forte sur ton dos ou tes épaules, tu peux tout à fait pratiquer le sport sans, avant de trouver le modèle qui te conviendra mieux. Et même de t'en passer totalement. Cela dépend de ton physique et de tes préférences personnelles (les tiennes uniquement !). L'important est que tu te sentes le plus à l'aise possible, physiquement comme mentalement.

Il suffit d'engager la discussion à ce sujet autour de nous, quelque soit l'âge pour se rendre compte que les femmes sont nombreuses à se poser les mêmes questions. Briser les tabous rend les choses de plus en plus faciles pour les générations qui suivent.

Quand les sportives prennent la parole

Aux Jeux olympiques de Rio, en 2016, la nageuse chinoise Fu Yuanhui avait fait grand bruit en parlant ouvertement de ses règles devant les caméras. Pas évident d'assumer que l'arrivée des règles puisse avoir des conséquences sur les performances. Pourtant, entre la fatigue et la douleur qu'elles peuvent provoquer chez certaines femmes, cela n'a rien de très étonnant.

Certaines joueuses de tennis en ont également parlé, comme Heather Watson. On imagine bien la galère d'avoir ses règles au beau milieu d'un tournoi, voire pire : à Wimbledon où la tenue blanche est obligatoire !

Pourtant, rien n'est sale dans les règles, et des millions de femmes vivent chaque mois cet épisode à leur façon. Et, pourquoi pas, en faisant du sport !

Le sport Sang Tabou !

Au rang des tabous petit à petit brisés, on trouve bien entendu le grand sujet des règles.

Osez le Féminisme ! a lancé en 2015 une campagne pour évoquer tous les tracas rencontrés par les femmes durant les règles, du coût des tampons jusqu'à certaines maladies comme l'endométriose.

Et, bien sûr, la pratique du sport pendant les règles est une question qui revient souvent.

Les règles, c'est naturel, pas la douleur !

Si tu connais des douleurs systématiques pendant tes règles, n'hésite pas à solliciter une consultation médicale et poser spécifiquement la question de l'endométriose.

Cette maladie, trop peu connue, touche 10 % des femmes. Pour ces dernières, la muqueuse qui tapisse l'utérus ne s'écoule pas et/ou ne se désintègre pas entièrement pendant les règles mais forme des lésions. Au départ microscopiques, ces lésions peuvent s'étendre, parfois jusqu'à d'autres organes, et créer des douleurs, des kystes, et des problèmes de fertilité.

Les tabous autour des règles ont souvent conduit des femmes à souffrir en silence : ne prenons plus ce risque !

Tu es (très) sportive et tes règles sont irrégulières ? Tu ne les as plus ?

Pas de panique ! Lorsque l'on s'entraîne beaucoup et de manière intense, cela peut avoir des conséquences sur le cycle, voire l'arrêter. De nombreuses sportives de haut niveau connaissent ce phénomène : c'est l'aménorrhée. Cependant, mieux vaut être prudente et consulter un.e gynécologue ou un.e médecin pour évoquer le sujet et prendre conseil. C'est possible en toute discrétion auprès du Planning familial.

CONQUÉRIR L'ÉGALITÉ DANS LE SPORT

Le sport d'un côté, le sport « féminin » de l'autre

Lorsqu'on parle de « sport », on oublie toujours de préciser qu'il s'agit de sport masculin !

Par exemple, on dit « les Bleus » pour parler de l'équipe de France de football. Mais lorsqu'on veut parler des « Bleues », on précise toujours qu'il s'agit de « l'équipe de France féminine » de football. La Coupe du monde est en fait celle des hommes, le Tour de France aussi.

80 %
du sport diffusé à la télé est du sport masculin !

Source : CSA, « Rapport sur la diffusion de la pratique féminine sportive à la télévision », 2016

À noter dans ton agenda :

en 2019

la Coupe du monde de football féminin aura lieu en France !

Une belle occasion d'augmenter la visibilité des sportives, d'autant que les Françaises font figure de favorites. Dans l'Hexagone, le championnat est de très haut niveau, notamment portée par les Lyonnaises, triples championnes d'Europe ! Après la victoire des Bleus, encourageons celle des Bleues !

Cette absence de valorisation des sportives ne se cantonne pas qu'à la télé : les femmes sont aussi les grandes absentes des journaux, chaînes YouTube...

Une pression physique toujours aussi forte auprès des championnes

Et quand on parle d'elles ou qu'on les montre à l'écran, les remarques ne manquent pas sur leur « silhouette », voire leur « plastique ».

On attend des sportives qu'elles soient belles et « agréables à regarder », pas simplement des championnes.

Des sportives de haut niveau dénoncent d'ailleurs régulièrement la manière dont elles sont filmées et présentées.

Tou.te.s en tenue !

Dans les catalogues d'équipement, les femmes en tenue de sport sont rares. Tu t'es déjà demandé.e pourquoi tu avais du mal à trouver des habits de sport adaptés à ta morphologie ? Ou qui ne soient pas uniquement roses pour les filles ?

Une étude réalisée durant les JO d'Athènes en 2004 révélait que **20 % des images diffusées lors des épreuves de beach-volley féminin étaient des plans serrés sur la poitrine des joueuses, 17 % sur leurs fesses.**

On retrouve aussi la taxe rose (voir chapitre 2) dans les équipements sportifs : il arrive régulièrement qu'une paire de baskets « de femme » (rose, donc) soit plus chère que celle destinée aux hommes. Même sans aucune différence dans le modèle, à part la couleur !

Il y a de nombreuses réponses dans l'étude menée par Catherine Louveau pour le collectif Égal sport. Cette chercheuse démontre que, dans les catalogues portifs de l'année 2017-2018, les femmes apparaissent dans un tiers des photos seulement.

Et plutôt dans des activités perçues comme « féminines » : il s'agit toujours de danse, de yoga, etc. Aux hommes, le foot, le basket, le handball et le rugby.

Pas très engageant si tu es une fille à la recherche de gants de boxe ou un garçon qui veut acheter des pointes !

PAULINE ADO

dénonce le sexisme dans la manière de filmer les sportives

Pauline Ado a 27 ans et est n° 2 en surf au niveau national, 19e au classement mondial. Fan de surf depuis qu'elle a 8 ans, elle a été championne du monde junior à 15 ans. Bref, c'est l'une des meilleures.

Mais il y a un truc qui l'énerve particulièrement : c'est le sexisme vis-à-vis des surfeuses, que les pubs et les spots promo pour les compétitions représentent plus souvent en maillot sur la plage ou sous leur douche, que sur leur planche en train de surfer.

Avec beaucoup d'humour, elle a fait une vidéo en 2015 pour se moquer de ces clichés. Elle y prétend embrasser les codes du marketing sexiste, totalement déconnectés de son quotidien de sportive : maillot de bain de loisir – rose bien sûr – attitude très sexy, caméra qui suit ses fesses... Jusqu'à ce qu'elle coupe court en disant « Bon, c'est fini les bêtises maintenant ? » et qu'on la voit faire ce pour quoi elle est là, et la raison pour laquelle on l'admire : le surf !

Les conséquences économiques

L'absence de visibilité médiatique des sportives a des conséquences très directes sur les conditions économiques dans lesquelles elles pratiquent. Alors qu'une grande partie de la rémunération des athlètes vient désormais des sponsors et de la publicité, le fait d'être moins exposées réduit forcément les marges de négociation des joueuses.

Et même du point de vue du salaire, c'est une bataille sans relâche qui s'organise depuis plusieurs années, aux USA, au Cameroun, au Danemark ou en France, pour être professionnelle (et donc rémunérée) et obtenir le même salaire à compétences égales, voire parfois pour simplement être payées.

LES DIFFÉRENCES SONT CONSIDÉRABLES.

Au football, alors que les salaires des footballeurs les mieux payés se comptent en millions d'euros (Antoine Griezmann est le joueur le mieux payé de l'équipe de France avec **26 millions d'euros annuels**), celui de la joueuse la mieux payée au monde en 2016, Marta Vieira da Silva, s'élevait à **345 000 euros.** C'est énorme mais beaucoup moins qu'un homme à son niveau !

On peut aussi citer l'exemple qui a tourné en boucle sur les réseaux sociaux en 2018 : **Rio Waida et Zoë Steyn** arborant leurs chèques sur le podium de la compétition de surf Ballito Pro en Afrique du Sud. Chèques respectivement de 8 000 et 4 000 euros pour Zoë. Il ne s'agissait pas là de contrat mais de récompenses fournies par les sponsors. On leur propose donc une opération simple pour remettre les choses à l'équilibre : 8 000 + 4 000 = 12 000. 12 000 pour 2 personnes, ça fait 6 000 euros par personne. L'égalité, c'est ma-thé-ma-ti-que !

SPORT ET ESPACE PUBLIC

Le Haut Conseil à l'Égalité a rappelé dans un rapport en 2016 que, dès la cour de récréation, les garçons occupent et se voient offrir plus d'espace que les filles. Normal : au centre s'organise un terrain de jeu sportif et collectif, mais où les filles ne sont pas les bienvenues. Elles sont donc le plus souvent reléguées aux marges de la cour et aux activités les plus calmes.

Cette tendance se retrouve plus tard, partout dans l'espace public. En particulier en ville, l'installation des mini-stades urbains correspond à un aménagement de l'espace urbain qui privilégie les hommes. Difficile d'aller seule se faire une place au milieu des joueurs de foot ou de basket !

Laissez-les courir tranquilles !

Quand les femmes pratiquent du sport dans l'espace public, c'est souvent de la course. Il est vrai que c'est le sport par excellence pour qui a peu de temps ou de moyens : une paire de baskets et te voilà parti.e.

Le problème, c'est que la course des joggeuses est loin d'être tranquille : de nombreuses affaires de harcèlement voire d'agression de joggeuses ont émaillé les médias ces dernières années. Certain.e.s journalistes et responsables politiques en venaient presque à interroger la responsabilité de ces femmes qui osent courir seule : c'est le monde à l'envers !

Beaucoup de femmes et des filles témoignent aussi du « banal harcèlement de la joggeuse » et de la pression qui pèse sur elles, alors qu'elles cherchent simplement à s'exercer et s'évader un peu. Musique à fond dans les oreilles, vêtements amples : elles développent des stratégies pour ne pas entendre des remarques pendant leur sortie.

Les agressions sexistes dans l'espace public sont autant d'entraves à la pratique du sport par les femmes.

La mixité dans le sport

Les inégalités dans le sport, surtout en compétitions, sont le plus souvent expliquées par des différences physiques, qui seraient forcément à l'avantage des hommes.

Ce raisonnement pose plusieurs (gros) problèmes :

Le sport, c'est avant tout l'entraînement !

Personne ne naît en étant naturellement doué.e pour un sport. Aucun garçon ne sait faire de plaquage de rugby dès le berceau, pas plus qu'aucune fille n'a d'aptitude innée pour danser dans un cerceau. C'est bien pour cela que l'entraînement a une place si importante dans la pratique sportive. Or tout est fait pour décourager les filles : une masse de clichés s'abattent sur les sportives, leurs défauts et qualités supposé.e.s, le développement de leur corps, ou même de leur sexualité.

S'il y a moins de femmes, il y a moins de moyens

La moindre présence des femmes sportives entraîne aussi un manque de moyens, matériels comme en termes de formation et de recherche : à quand des vêtements sportifs réellement adaptés à la morphologie des filles, par exemple ? Dans les endroits où le sport féminin en est à ses balbutiements, ce sont souvent les vestiaires eux-mêmes qui manquent ! Les femmes sont alors contraintes de se changer dans des zones improvisées, ou d'organiser des roulements pour les douches. Tout cela est loin de satisfaire les besoins d'intimité et d'hygiène des sportives.

Croit-on vraiment que le dernier homme arriverait devant la première femme dans tous les sports ?

Il faut être honnête : à très haut niveau, les performances se rapprochent beaucoup, et une judokate comme Émilie Andéol a beaucoup plus de chances de s'en sortir face à Teddy Riner que n'importe quel homme ceinture marron. Il est donc très étrange que les classements soient si étanches entre femmes et hommes. On pourrait très bien, comme une première étape, créer des classements mixtes dans certaines disciplines, en plus des classements par sexe. On aurait sûrement de belles surprises !

Osons la mixité !

La meilleure manière de ne pas prendre de risque, c'est de ne pas jouer. C'est un peu ça, finalement, l'histoire de la ségrégation sportive. Car oui, il s'agit d'une véritable ségrégation selon le sexe, qu'on n'accepte d'ailleurs plus dans d'autres domaines, comme les salles de classe.

Par le sport, on acte la différence entre les filles et garçons en allant très loin, puisqu'il s'agit aussi de différencier les jeux et la pratique de loisirs. Pourquoi une équipe composée de filles et de garçons ne pourrait-elle pas exceller en basket ? Le sport est victime des stéréotypes en même temps qu'il participe à leur reproduction.

Alors, où est passé l'esprit de compétition ? Finalement, un bon moyen de savoir si les garçons sont meilleurs en sport que les filles, c'est d'oser jouer la partie !

20 septembre 1973

Billie Jean King battit Bobby Riggs

Au cours de l'histoire, quelques compétitions ont laissé la place, le temps d'un match, à la confrontation mixte.

C'est le cas du tennis en 1973, avec le match qui opposa Billie Jean King à Bobby Riggs. À l'époque, Billie Jean King est l'une des meilleures tenniswomen sur la scène internationale, et Bobby Riggs est lui un champion à la retraite, mais qui n'a pas cessé d'être macho !

UNE ÉVOLUTION
BIAISÉE PAR LES INÉGALITÉS

Tous ces éléments culturels n'ont pas encouragé le goût du sport chez les femmes, et ce durant plusieurs siècles ! Ça fait du retard à rattraper.

À l'échelle de l'évolution de l'espèce humaine, des chercheurs et des chercheuses, comme Françoise Héritier par exemple, ont expliqué que la reproduction d'inégalités entre les femmes et les hommes (le fait que les filles aient eu moins accès à la nourriture, par exemple) avait conduit à des évolutions physiques un peu différentes. Cette caractéristique de l'espèce humaine porte le nom de « dimorphisme », et explique pourquoi les hommes sont en moyenne plus grands et dotés d'une musculature plus importante que les femmes.

Pour le dire de manière très simple : alors que pendant des millénaires, les hommes ont été encouragés à développer leurs capacités physiques en privilégiant les activités extérieures, les femmes ont été cantonnées aux tâches domestiques. Pas étonnant que nos corps se soient adaptés.

De provocation en provocation, il finit par obtenir l'accord de Billie Jean King pour un match. Il est persuadé qu'il gagnera car d'après lui, les femmes n'ont pas leur place sur les terrains de tennis – ni nulle part ailleurs qu'à la maison. Mal lui en prit : la joueuse lui infligea une sévère défaite. Billie Jean King fit notamment une démonstration de puissance et d'endurance. Et Bobby Riggs admettra finalement avoir sous-estimé la joueuse.

La brillante carrière et l'engagement de Billie Jean King ne s'arrêtèrent pas là : elle exigea et obtint l'égalité des salaires entre joueurs et joueuses à l'US Open et fut aussi l'une des premières sportives au monde à assumer son lesbianisme en public ! Cette histoire hors du commun est retracée dans le film *Battle of the Sexes* sorti en 2017, avec Emma Stone et Steve Carell.

Quant à la mixité au tennis, de nombreuses voix s'élèvent pour réclamer un nouveau match de haute volée, par exemple entre Rafael Nadal et Serena Williams.

Le sport, un monde macho et hétéro ?

Plus encore que la surreprésentation des hommes et de la valorisation de la virilité, des sportives et des sportifs ont dénoncé l'hétéronormativité du monde sportif. Il est encore très compliqué pour les athlètes de faire leur coming out. C'est pourquoi les Gay Games ont été créés en 1983, pour revendiquer une pratique sportive tolérante et ouverte à toutes et tous.

Pourtant, le nom même de ces olympiades est excluant : gays seulement, ou également lesbiennes et bisexuel.le.s ? Il y a encore des efforts à faire.

ET LE « E-SPORT » DANS TOUT ÇA ?

Le E-SPORT

est une dimension du sport qui intègre les jeux vidéo. Il a énormément évolué ces dernières années, avec des millions de joueurs et joueuses, le développement de ligues professionnelles et l'avènement d'athlètes de haut niveau.

On pouvait espérer que le e-sport abandonnerait tous les conservatismes et réflexes sexistes... Nous sommes malheureusement loin du compte.

Encore un lieu réservé aux hommes, discriminant les femmes

Les jeux vidéo sont à la croisée entre la culture informatique, « geek » et sportive... qui sont loin d'être connues pour leur féminisme. Le e-sport n'est pas qu'un domaine principalement investi par les hommes, c'est aussi un bastion pour des valeurs virilistes et des comportements sexistes.

Un débat sans fin… mais peu de progrès

Plutôt que d'écouter les femmes, de les croire et d'agir, les communautés se sont déchirées en controverses au sujet du sexisme dans les jeux :

- Est-ce parce que certains jeux sont violents qu'ils devraient être réservés aux hommes ?
- Est-ce que l'usage d'une console ou d'un ordinateur rendrait impossible la performance des femmes ?
- Les jeux vidéo ne seraient-ils qu'un « truc de mecs » ?

Arrivé.e à la fin de ce livre, tu sais qu'aucun de ces arguments n'est très solide : ce sont des préjugés qui reposent sur une vision sexiste du monde. Le pire ? **À force d'être répétés et entretenus, ces clichés deviennent vrais, parce que les filles et femmes ne sont pas encouragées à jouer !**

Et toujours : les hommes d'un côté, les femmes de l'autre

Le e-sport est maintenant en train de devenir, comme tous les sports avant lui, un lieu de séparation entre les femmes et les hommes.

Certaines championnes prennent les devants en créant des ligues féminines face au sexisme des joueurs lors des parties en ligne. **La non-mixité est alors une manière pour les joueuses de se protéger des agressions.** C'est le cas aussi, dans le monde « réel », dans les vestiaires et les douches.

Les véritables ressorts de la ségrégation sexiste ne sont donc pas toujours liés aux performances. Quand on parle de jeux vidéos ou jeux d'échec, qui oserait prétendre que tout se joue sur la force physique ou de qui court le plus vite ?

Et maintenant, que faire ?

→ Continuer le sport ! Y compris des sports réputés « pour les garçons », l'essentiel est que l'activité te plaise !

•

→ Découvrir le roller-derby, un sport collectif qui a connu un renouveau récent grâce à des équipes féminines motivées et décidées à cultiver la sororité dans le sport.

•

→ Essayer de jouer en équipes mixtes aux sports collectifs. Et faire mentir les clichés sur les différences de niveau.

•

→ Soutenir aussi les équipes féminines. Il y a beaucoup de belles occasions, et les places sont souvent moins chères.

•

→ Regarder *Battle of the Sexes*, un film sorti en 2017 qui retrace le match de tennis épique entre Billie Jean King et Bobby Riggs.

→ Aller + loin

Pour lutter contre l'endométriose, qui nuit à la vie de tant de femmes : se rapprocher d'associations comme EndoFrance (www.endofrance.org) ou InfoEndo (www.info-endometriose.fr).

Suivre Les dégommeuses, une équipe de foot militante de lutte contre le sexisme et les discriminations dans et par le sport ! **@lesdegommeuses** sur Insta et Twitter.

Prêter attention aux avis du Conseil supérieur de l'audiovisuel, qui agit régulièrement pour améliorer la visibilité du sport féminin.

Consulter la rubrique sportive du webzine d'Osez le Féminisme ! **feministoclic.olf.site/category/sport**